STEAKS mit
Adi&Adi

ADI MATZEK
www.grillschule.at

Adi Bittermann | Adi Matzek

STEAKS mit Adi & Adi

Mit Fotos von
Herbert Lehmann

pichler verlag

INHALT

STEAKS
MIT Adi&Adi
(GRILLBUCH DIE ZWEITE)

Nach dem ausgezeichneten Feedback auf unser erstes gemeinsames Grillbuch „Grillen mit Adi&Adi" und dem tollen Verkauf von über 10.000 Stück im Erscheinungsjahr war es fast eine logische Entscheidung, eine Fortsetzung des Erfolgsduos Adi&Adi zu starten. Das erste Buch von uns beiden hat die Vorgaben übertroffen und wurde das meistverkaufte österreichische Grillbuch 2013. Aber nicht der tolle Verkauf allein war ausschlaggebend für ein weiteres Buch zum Thema Grillen. Das tolle Echo und die Anerkennung von grillbegeisterten Käufern, wie glücklich sie mit diesem besonderen Grillbuch seien, waren Motor und Antrieb für uns beide, uns dem Thema Steak vom Grill zu widmen. Unser Bestreben, Rezepte in einer authentischen Art zu beschreiben und mit möglichst regionalen Zutaten zu arbeiten, wurde durch ihr Lob bestätigt. Viele Käufer sprachen von einer Gelinggarantie der Rezepte, was sie bei vielen anderen Grill- und Kochbüchern oft vermissten. Johannes Sachslehner vom Styria Verlag war gerne wieder Partner bei diesem Projekt. Getreu dem Motto „Never change a winning team" war die Wahl des Fotografen eine leichte, es gab nur einen, nämlich Herbert Lehmann, der schon bei der ersten Zusammenarbeit mit Fachkenntnis, Menschlichkeit und einer sagenhaften Geduld und Akribie für die tolle fototechnische Umsetzung gesorgt hatte.

Es ist uns eine Freude, Sie, liebe Leserinnen und Leser, mit auf die gemeinsame Steakreise zu nehmen. Der Titel „Steaks mit Adi&Adi" soll Ihnen die Königsdisziplin des Grillens, die Zubereitung der edlen Fleischstücke und deren Begleiter, näherbringen und Sie ebenfalls zu Grillweltmeistern für Ihre Gäste machen. Alle Beteiligten haben in Teamarbeit und mit viel Einsatz an diesem neuen Grillwerk mitgewirkt und mit dieser Fortsetzung von „Grillen mit Adi&Adi" einen wesentlichen Beitrag zum Entstehen der ersten Grillbuchreihe von europäischen Grillbuchautoren geleistet.

Wir wünschen Ihnen bei der Umsetzung wieder viel Spaß und entspannte Grillstunden mit Ihrer Familie und Ihren Freunden rund um den glühenden Grillrost sowie gutes Gelingen und genussvolle Momente.

IN DER WELT DER EDLEN FLEISCHTEILE

Es ist gar nicht so lange her, dass für die Leute am Grill das Würstel und das Kotelett die großen „Dauer-Brenner" waren, diverse Fleischskandale zogen durchs Land und sorgten für Misstrauen bei den Konsumenten.
Inzwischen ist es jedoch unbestritten, dass Österreich ein Land ist, das tolles Rindfleisch auf den Teller bringt, die Grill-Community wird immer größer und das Qualitätsdenken findet in unserem Land immer neue Anhänger, dafür sorgen nicht zuletzt die zahlreichen Grillfreunde.

Wir, „**Adi&Adi**", möchten Botschafter des guten Geschmacks sein und sagen: Es muss nicht jeden Tag Fleisch sein, wenn aber Fleisch auf den Griller kommt, dann nur beste Qualität.
In unserem Steakbuch zeigen wir in einem großen Querschnitt, was alles „Steak" sein kann – für viele Menschen ist das Steak immer nur das Rinderfilet, eventuell noch die Beiried, in diesem Buch sehen Sie, dass es noch viel mehr Arten von Steaks gibt. Aber auch köstliche Steakteile, die die Geldbörse deutlich schonen, aber nicht minder zum Genießen einladen, sind fester Bestandteil dieses Grillbuchs.
Das Buch ist somit ein MUSS für grillbegeisterte Menschen, die nach mehr Qualität streben und die Welt der edlen Fleischteile kennenlernen wollen.

Unser Grillbuch weist beim Thema Steak immer wieder starke regionale Bezüge auf, aufgrund unserer breiten und langjährigen Erfahrung als Grillmeister werfen wir aber auch einen Blick auf die internationale Steakkultur. Oft ist ja bereits die Benennung der Steakteile mit internationalen Fachbegriffen für uns Konsumenten ein Problem, da durch den besonderen Schnitt oder „Cut" ein edles Fleischstück, das wir eigentlich vom Begriff her zuordnen konnten, auf einmal ganz anders benannt wird. Hier bietet dieses Steakbuch übersichtliche „Übersetzungen" an, sodass Sie, liebe Leserinnen und Leser, in kürzester Zeit zur Fachfrau und zum Fachmann für moderne Steakkultur werden.
Sie werden erstaunt sein, wie abwechslungsreich diese Steakreise mit heimischer Fleischqualität und internationalen Schnitten sein kann!

Zu einem guten Steak gehört große Hitze, worauf wir in einem eigenen Kapitel näher eingehen. Dass dabei Gas als Energiequelle im Vormarsch ist, verwundert niemanden mehr, passt sich doch auch die Arbeitsweise am Gasgriller unserer schnellen Lebensweise perfekt an.
Im Gegensatz dazu wird die Holzkohle, mit der wir für das eigentliche Grillprozedere eine deutliche „Entschleunigung" erreichen, von den Grill-Afficionados des Landes nach wir vor sehr bewusst und sehr gern vor allem zum Zelebrieren der Grilltätigkeit eingesetzt. Daher richten wir auch ein besonderes Augenmerk auf die Köhlerei, die seit kurzem als UNESCO-Kulturerbe anerkannt ist. Dass dieses uralte Handwerk regional kaum mehr erlebt werden kann und somit auch kaum mehr Holzkohle aus heimischer Herstellung vom ambitionierten Grillmeister erstanden werden kann, ist vielen Grilleuren gar nicht bewusst. Dieses Bewusstsein soll eine Reise zu den niederösterreichischen Köhlereien wieder wecken – freuen Sie sich auf einen authentischen Bericht über ein beinahe ausgestorbenes Handwerk im Herzen Europas, mit tollen Bildern von Herbert Lehmann.
Es geht also im wahrsten Sinne des Wortes in diesem Steakbuch auch um die „Kohle": Wertvolle Steakteile kosten „Kohle" und wollen mit Kohle und einer dementsprechenden Hitze vergoldet werden.

Da ein edles Stück Fleisch auch über den Cut nochmals veredelt wird, haben wir uns zu guter Letzt noch dem Thema Messer gewidmet: Welches Messer eignet sich wofür, wie erkenne ich ein qualitativ gutes Messer, wie sind die grundlegenden Schnitte zu setzen? Nicht nur scharfe Gewürze sind im Trend, auch eine scharfe Klinge darf beim Steak niemals fehlen!

Das Steak Ihrer Wahl sollte Genuss und Freude bereiten und nicht etwas Alltägliches sein – schenken Sie dem Lebensmittel Fleisch Respekt und Ehrfurcht.

Genießen Sie mit diesem Grillbuch Ihre Steaks –
guten Appetit wünschen Ihnen
Adi&Adi

DIE MARKE Adi&Adi

Was sich sehr kämpferisch anhört, ist eigentlich nur eine logische Weiterentwicklung unserer Aktivitäten im Grill- und Barbecuebereich.
Sie, liebe Leserinnen und Leser, möchten wir mit diesem Buch über die hohe Steakkultur wieder in unseren Bann ziehen und gleichzeitig den Grillvirus bei weiteren Menschen einpflanzen. Dieser Virus ist zwar nicht behandelbar, sprich: heilbar, aber das ist ja auch nicht notwendig, da er das Leben in einer Gemeinschaft rund um das Thema Grillgenuss mit sich bringt.
Und wenn da manche bemängeln, dass wir beide mit unseren Grillschulen dasselbe machen, so bedenken sie nicht, dass wir uns dadurch perfekt ergänzen und noch mehr Anhänger rund um das Grillen ansprechen können.
Denn wer sich mit dem Essen und dem Zubereiten von Lebensmitteln auskennt, der weiß, dass man beim Essen selten dasselbe auf den Teller bekommt. Ein Schweinsbraten wird zwar immer Schweinsbraten heißen, aber er wird immer und überall eine besondere Note haben und immer wieder anders interpretiert ein Genuss sein.
Genauso ist es mit uns beiden. Es ist eine tolle Bereicherung für uns, dass wir uns getroffen haben, und daher können wir mit Stolz und Freude sagen, dass die Projekte, die wir als Adi&Adi gemeinsam machen und umsetzen, Ihnen doppelte Freude bereiten werden, und es ist sicherlich auch eine Bereicherung für jeden Grillfan, jeden der Adis persönlich aufzusuchen.

DER SCHWARZE UND DER WEISSE GEHEN IN DIE NÄCHSTE RUNDE

Diese doppelte Freude haben wir beide schon bei der Entstehung unseres neuen Grillwerkes „Steaks mit Adi&Adi" erleben können. Wir hoffen, Sie, liebe Leserinnen und Leser, empfinden dieselbe Freude bei der Lektüre der launigen Texte, die in einem sehr persönlichen Stil geschrieben wurden. Wir sind überzeugt, dass Ihnen die spannenden Rezepte beim Probieren und anschließenden Genießen ein Lächeln ins Gesicht zaubern werden.
Gerne freuen wir uns auf Ihr persönliches Feedback, und Sie können versichert sein, dass wir dieses beim nächsten Buch bereits miteinfließen lassen werden.

Die Marke Adi&Adi wird Ihnen noch bei den verschiedensten Gelegenheiten begegnen, sehen Sie uns dabei als Partner, die der Grillgemeinde Gutes tun möchten. Wir freuen uns, Sie in die Welt der Steaks mitnehmen zu dürfen, und wünschen Ihnen immer eine Handbreit Kohle unter Ihrem Rost. Möge Ihnen jedes Steak so gelingen, wie Sie es sich wünschen, und eins sei Ihnen gewiss: Auch wir treffen den Gargrad nicht immer perfekt, aber wir arbeiten unaufhörlich daran!

Ein tolles Grillvergnügen und glühende Leidenschaft wünschen Ihnen

Adi&Adi

DIE GRILLKULTUR UND DIE STEAKKULTUR IN EUROPA

Das Grillen entwickelt sich in Europa zusehends zu einem gesellschaftlichen Thema.
Den **Steaks** als den edelsten Teilen beim Grillen wird dabei besonderes Augenmerk geschenkt.
Was ist der Grund für die Popularität dieser neuen Nationalsportart im Herzen Europas?

Das Thema **Grillen** ist deshalb so erfolgreich, weil wir Menschen mit dem **Feuer** als Grundelement kodiert sind. Laut der Vier-Elemente-Lehre basiert alles Sein auf den vier Grundelementen Feuer, Wasser, Luft und Erde.
Beim Grillen begegnen wir ständig allen vier Elementen: dem **Feuer** beim Zubereiten der Speisen, wir sind im Freien und zumeist in der Natur oder im Garten, also ge**erde**t, somit gleichzeitig an der **Luft**, und wer möchte nicht im Garten einen Wasserlauf oder eine Quelle haben? Wenn das aber nicht möglich ist, auch kein Problem: Beim Grillen sollte man immer etwas zum Trinken haben, und Bier und Wein enthalten ja auch **Wasser**.
Die Ursache für den Grillboom liegt also in uns Menschen selbst, wir tragen das Feuer bereits in uns.
Viele bekannte Wortspiele deuten im positiven Sinne darauf hin: Ich bin Feuer und Flamme, ich möchte deine Leidenschaft entzünden etc.
Die Geschichte: Am Anfang war das Lagerfeuer, es bot den Menschen Wärme, Sicherheit, die Möglichkeit einer warmen Mahlzeit und förderte die Speisenkultur, das Zusammenleben in der Sippe!
Feuer wird im Gegensatz zu Urzeiten in unserer heutigen Form des Wohnens, des Zusammenlebens und der Gesetzgebung eher als Bedrohung gesehen und somit vom Menschen verbannt.
Aber wir alle kennen die meditative Wirkung, die Feuer auf uns ausüben kann.
Die Wiedergeburt des Lagerfeuers von einst wird mit den modernen oder teilweise auch archaischen Grillgeräten eingeleitet.

Das ist kein Trend, der nur beim Grillen bemerkbar ist, das ist eine innere Sehnsucht, derer sich die Menschen im Herzen Europas bewusst werden und welche nun immer mehr bewusst ausgelebt wird.

Dies geschieht trotz oder eben weil unser hoch technisiertes und extrem schnelles Leben kaum mehr Platz und Zeit für das Leben an und für sich und für uns als Mensch lässt.

Wenn der Grill angeheizt wird, ist die Welt wieder eine Zeit lang in Ordnung, es stellt sich eine entspannte, relaxte Stimmung ein, ein Gefühl von und für Gemeinschaft entsteht und das „Wir-Gefühl" der Sippe von einst kehrt zurück.
Dieses Lebensgefühl wollen wir fördern und die Menschen darin bestärken, in ihren Gärten und auch in der Öffentlichkeit ihre Grillkultur zu leben und somit ihre Lebenskultur wiederzufinden.
Zum Grillen muss Mann nicht kochen können, wie die Evolution gezeigt hat.
Die „Steaks" gelten als die Königsklasse beim Grillen. Generell stehen hier natürlich die Steaks vom Rind im Mittelpunkt, aber allen Arten von Steaks wird in der neuen Grillkultur gehuldigt. Auch die passenden Beilagen und Gemüse sind für eine wertvolle und vollwertige Ernährung von der Glut unerlässlich und bereichern die Hauptzutat Steak ungemein.

Bewusstes Einkaufen oder: Warum ein längerer Weg beim Einkauf oft der direktere Weg zum Genuss ist!

Der bewusste Einkauf der Zutaten ist eine wesentliche Voraussetzung, um nach dem Grillerlebnis auch ein perfektes Grillergebnis für den Gaumen der Gäste auf dem Teller zu haben. Es empfiehlt sich dabei, regionale Produkte zu erstehen. Sicher ist es mühsamer, den vielleicht umständlicheren Weg zum Fleischer seines Vertrauens auf sich zu nehmen oder zusätzlich den Bäcker ums Eck aufzusuchen. Wenn dann das Gemüse noch auf dem regionalen Bauernmarkt besorgt werden soll, so sind dies schon Wege, die eingeteilt werden wollen. Aber es lohnt sich in jedem Fall für Sie, denn allein die aufgewendete Mühe ist sehr oft schon die Bestätigung, dass Lebensmittel erstanden wurden, hinter denen Personen und Familien stehen, Menschen, die man beim regelmäßigen Einkauf kennen- und schätzen lernt. Die Philosophie dieser ursprünglichen Produzenten bringt einen Mehrwert an Service und Erfahrung, der sehr gerne an die lieb gewonnenen Stammkunden weitergegeben wird. Diese Wertschätzung der „lebenden Mittel", die man beim Einkauf ersteht, unterscheidet sie von den industriell gefertigten Nahrungsmitteln. All die Menschen, die an der Entstehung regionaler Lebensmittel und somit wertvollen Kulturguts beteiligt sind, danken Ihnen, lieber Leser, lieber Genießer, für Ihre Entscheidung, durch Ihren bewussten Einkauf Bodenständiges zu bewahren.

DAS EINMALEINS VOM STEAK

Unter „Steak" verstehen wir zumeist den klassischen Rindslungenbraten. In 2–3 cm dicke Scheiben geschnitten, entspricht er der traditionellen Vorstellung von Steak. Erfahrene Steakliebhaber wissen natürlich, dass es auch andere Steaks gibt, und kennen ein Rumpsteak, ein Chateaubriand und meistens das klassische T-Bone-Steak.
Wir als begeisterte Anhänger des Grillens haben natürlich – beeinflusst durch die amerikanische Grillküche – die Steaks genau unter die Lupe genommen und wissen, dass es sehr viel mehr Steaks gibt und dass ein Steak nicht immer nur der Lungenbraten (Edelteil) sein muss (siehe auch das Kapitel „Steakteilekunde").
Steak ist vereinfacht gesagt ein Stück Fleisch, bei hoher Hitze scharf angegrillt und mit einem rosa Kern serviert. Dazu braucht man natürlich Fleisch in Topqualität, was für mich als Koch bedeutet: gute Fütterung, intramuskuläres Fett, richtige Lagerung, richtige Temperatur des Fleisches, bevor es auf den Griller kommt. Es nützt nichts, wenn das Steak aus dem Kühlschrank mit 2–4 °C auf den 300 °C heißen Grill gelegt wird und dann einen richtigen Schock bekommt, sich die Fasern zusammenziehen und dabei verkrampfen. Daher ist es wichtig, die Steaks richtig temperiert auf den heißen Grill aufzulegen.
Ein großes Thema ist bei den Steaks die Würzung. Da wir nur hochwertiges Fleisch verwenden, genügt Salz, wobei das Einsalzen ca. 10–15 Minuten vorher passiert. Das Salz dient als Botenstoff und bringt Kohlenhydrate und Eiweiß an die Oberfläche. Gut gereiftes Fleisch verliert kein Wasser beim Salzen, da es durch die Reifung das Wasser schon abgebaut hat. Wenn wir das Steak auf den heißen Grill legen, schließen sich die Zellen und Fasern (das Fleisch hat keine Poren wie wir Menschen) durch die hohe Hitze des Grillers. Durch den Gusseisenrost erzeugen wir eine perfekte Grillmarkierung und die vom Salz als Botenstoff transportierten Eiweiße und Kohlenhydrate bewirken die Maillardreaktion, sprich: Sie erzeugen den Röstton. In diesem Augenblick geht jedem Steakliebhaber das Herz auf, weil da ein unvergleichliches Geruchsaroma freigesetzt wird, das uns Griller an den Grill fesselt.
Es gibt eine Faustregel für das Grillen von Steaks: Steak pro Zentimeter Fleischstärke eine Minute pro Seite scharf angrillen und anschließend in die indirekte Zone legen (das perfekte Steak ist 4,5 cm hoch und sollte beidseitig je 4 Minuten bei direkter und starker Hitze angegrillt werden). Danach hat man die Wahl, das Steak indirekt langsam fertig zu grillen – bei größeren Stücken empfohlen (z. B. T-Bone-Steak, Porterhouse) oder man lässt es in Alufolie gewickelt in der eigenen Strahlungshitze rasten. Dabei eines oder maximal zwei Steaks zusammengeben, nie mehr, da sonst die Strahlungshitze zu hoch wäre. In der Entspannungsphase stabilisiert sich der Fleischsaft und das Eiweiß kann langsam degenerieren. Vor dem Aufschneiden sollte man ein Steak immer rasten lassen, dadurch kann sich der Fleischsaft in der Zelle und den Fasern besser einbinden. Man kann auch in der Rastphase die Steaks mit geklärter Butter, hochwertigen Ölen, verschiedensten Pfeffersorten aus der Mühle, frischen Kräutern, gehacktem Knoblauch, frischen Pestos etc. nachmarinieren. Das hat den Vorteil, dass man Öle, Kräuter und Pfeffer nicht durch das scharfe Angrillen zerstört. Viele Grillfans machen den Fehler, dass sie die Steaks von Beginn des Grillens an mit ausgewählten Ölen, Pfeffer und Kräutern einmarinieren, die dann durch die hohe Hitze verbrennen und nicht mehr diesen frischen Geschmack entwickeln.
Weniger ist mehr. Wir setzen diese tollen Produkte immer erst zum Schluss ein, da dadurch der volle Eigengeschmack und die harmonische Verbindung der Öle und Kräuter zur Geltung kommt. Zum Abschluss kann man beim Steakgrillen mit eingeweichten Räucherchips zusätzlich ein leichtes Raucharoma erzeugen, doch auch hier gilt: Weniger ist mehr!

Man muss nicht jeden Tag ein Steak essen, aber: Wenn wir ein Steak genießen wollen, dann kaufen wir uns doch das bestgereifte Stück Fleisch vom Fleischermeister unseres Vertrauens!

Viel Spaß wünschen Ihnen Adi Bittermann & Adi Matzek!

BEKÖMMLICHES GRILLEN MIT DEN „FANTASTISCHEN DREI“

STEAK · BIER · KOHLE

Ein gutes Steak, glühende Kohle, ein kaltes Bier – alles Dinge, die einen Mann, aber nicht nur ihn, glücklich machen. Warum ist das so?
Nun, abgesehen davon, dass ein gut zubereitetes **Steak** einfach ausgezeichnet schmeckt, führt proteinreiche Nahrung zu einem Anstieg von Testosteron, welches Einfluss auf unser Wohlbefinden hat. Testosteron führt dazu, dass wir uns voller Kraft fühlen, ausdauernder sind, und es fördert den Muskelaufbau. Außerdem liefert Eiweiß das „Baumaterial“ für unsere Muskeln, das wir über unsere Ernährung zu uns nehmen müssen. Mageres rotes Fleisch wie z. B. ein Rinderfiletsteak enthält mehr Vitamin B, Kreatin, Eisen und Zink für das Wachstum als alle anderen Proteinquellen. Wer an Muskelmasse zulegen will, sollte daher regelmäßig zu rotem Fleisch greifen.
Steaks versprechen schnellen Erfolg, wenige Minuten reichen, um ein gutes Steak zuzubereiten. Da dauert das Vorheizen der Kohle, bis sie ordentlich glüht, schon wesentlich länger. Aber das nehmen wir gerne in Kauf (außer man hat sich dem Gas verschrieben), lässt uns doch schon der Geruch beim Entzünden in Vorfreude auf baldige kulinarische Genüsse schwelgen, und in der Wartezeit belohnen wir uns mit einem kleinen Bierchen. Das entspannt bekanntermaßen, ebenso wie das „In-die-Glut-Schauen“. Dafür verantwortlich ist der im **Bier** enthaltene Hopfen, welcher auch für den herben Geschmack zuständig ist. Er sorgt dafür, dass sich unsere Muskeln entspannen. Ob das daran liegt, dass er zu derselben Pflanzenfamilie wie Cannabis gehört?
Und überhaupt: die glühende **Kohle**! Ist es nicht geradezu hypnotisch zuzusehen, wie die Glut pulsiert, immer wieder neue Muster zeichnet? Ein wahrlich meditativer Prozess, dem wir verdanken, dass der Kopf endlich einmal wieder ganz leer werden kann, mit dem einzigen Gedanken: „DAS ist das wahre Leben!“
Alles in allem sorgen die „Fantastischen Drei“ für innerliches Wohlgefühl und Entspannung. Wer strebt nicht danach, nach einem langen Arbeitstag oder als Einstimmung ins wohlverdiente Wochenende im Einklang mit sich selbst und seinem Umfeld zu sein.
Bleibt nur zu sagen: **„Guten Appetit, Prost und gut Glut“** mit den „Fantastischen Drei“ bei deiner persönlichen Grillerei.

Die Biersuche des Doppelgrillweltmeisters

Grillen und Bier, alle sagen, das gehört zusammen. Ist das nur Gewohnheit, ist es althergebrachtes Brauchtum, ist es ein Mythos? Ich bin dem Ganzen auf den Grund gegangen. Ich, der ich eigentlich erst in den Kinderschuhen des Biertrinkens stecke, denn tatsächlich begann ich erst mit 45 Jahren, dem Biergenuss zu frönen. Mich beeindruckte die Vielfalt an Bieren, die sich in den letzten Jahren aufgetan hat, aber ich suchte ein spezielles Bier, das mich beim Grillen begleiten sollte. Weniger Alkohol sollte es haben, aber gleichzeitig ein schönes Volumen im Geschmack, süffig sollte es sein, und auch etwas weniger Kohlensäure war meine Vorgabe, und trotzdem durfte es an Körper nicht fehlen und eine schöne gedeckte Bernsteinfarbe schwebte mir vor, ja, so sollte es sein, mein GRILL-BIER. Ich war auch mit einigen Brauereien im Gespräch, wurde aber einige Male ob meiner Biervorstellung belächelt oder über die Unmöglichkeit meines Vorhabens aufgeklärt. Bis ich Karl Trojan kennen lernte, den Eigentümer der Privatbrauerei Schrems. Bei ihm begegnete ich jenem Pioniergeist, den manche große Erzeuger einfach nicht mehr haben, und ich bemerkte die Neugier für das Andere, die unser gemeinsames Projekt möglich machte. Wie Karl sagte: „Ich weiß nicht, ob das funktioniert, lieber Adi, was du da vorhast mit dem GRILL-BIER, aber ich helfe dir. Ich bin dabei.“ Der Ursprung des GRILL-BIERES liegt in der Seele des Waldviertels. Die regionalen Bauern mit ihrer Naturverbundenheit und den typischen Kleinstrukturen schaffen die Voraussetzung, dass hier im rauen Klima des Waldviertels eine besondere Braugerste wächst. Diese ist maßgeblich für die unverwechselbare Note des GRILL-BIERES verantwortlich. Dabei wurden sämtliche Zutaten, vom Hopfen bis zur Hefe, von Karl Trojan für das Projekt GRILL-BIER ausgesucht.
Manche werden es vorziehen, bei ihrer Hausmarke zu bleiben, aber viele, die offen sind für die Andersartigkeit der Bierwelt, werden das GRILL-BIER als Bereicherung erleben und ebenso viel Freude daran haben wie ich als ehemaliger Nicht-Biertrinker. Es handelt sich wahrhaft um ein handgemachtes Kleinod in der Landschaft der industrialisierten Uniformierung, und es wird eine Freude sein, jeden einzelnen Sud begrüßen zu dürfen. Ich weiß, die Grillfangemeinde wird ihr GRILL-BIER lieben und es genießen, neben der Weißglut der Kohle die Goldglut des GRILL-BIERES mit Freunden zu teilen und zu erleben.

GRILLEN – DAS GANZJÄHRIGE VERGNÜGEN

Steaks vom Grill – nur ein saisonales Gericht oder doch „Grillgenuss zu jeder Jahreszeit"?

Lange Zeit wurden wir sogenannten Grillmeister als Spinner belächelt, wenn wir im Winter bei Minusgraden unsere Grillgeräte heizten. Aber das hat sich in den letzten Jahren rapid geändert. Die Schar jener, die erkennen, dass neben dem Glühweintrinken in der vorweihnachtlichen Zeit ein Grillgerät an der Seite eine tolle Wärmequelle abgibt und dass sich zusätzlich neben der warmen Behaglichkeit noch unkompliziert etwas für das leibliche Wohl herbeizaubern lässt, wird immer größer. Wintergrillen nennen es viele Grill- und Barbecuefreunde, „Grillgenuss zu jeder Jahreszeit" ist seit Jahren der Begriff, für den ich als Doppelgrillweltmeister stehe.

Immer neue Events werden hierzu durchgeführt. Vor einiger Zeit waren wir, Adi&Adi, bei unseren Grillkollegen in Deutschland beim Snowbecue am Berg, wo wir uns, neben dem Skispaß, über das Barbecuen im Winter mit unseren deutschen Freunden austauschten, und erst vor kurzem gab es auf der Walleggalm in Saalbach Hinterglemm auf ca. 1800 m einen mehrtägigen Wintergrillevent unter dem Slogan *Snow & Beef*. Die dort gesam-

melten Erfahrungen und die Begeisterung der Menschen dabei bestätigen uns beide darin, Sie weiter mit dem Ganzjahres-Grillvirus zu infizieren, damit wir unsere Leidenschaft mit Ihnen teilen können.
Wenn Sie, liebe Leserin, lieber Leser, Ihre eigenen Grillaktivitäten in der kalten Jahreszeit betrachten, werden Sie sehr rasch sehen, dass Sie eigentlich schon jetzt so wie wir beide „Grillgenuss zu jeder Jahreszeit" betreiben. Denn jeder Tischgrill, jeder Klapptoaster ist ein Grillgerät, und das Fondue wird immer öfter durch die fettarme und bekömmliche Zubereitung am Raclette oder durch andere Tischgrillmethoden ersetzt. Die Freude beim Grillen am Tisch ist unübersehbar, da das Miteinanderzubereiten von Lebensmitteln die unmittelbare zwischenmenschliche Kommunikation fördert und stärkt. Wenn Sie dies wie wir beide auch im Freien selbst ausüben wollen, so brauchen Sie sich bezüglich Ihres Grillgeräts keine Sorgen zu machen, das ist bestens gerüstet für diesen „Ernstfall", allein bei den Zutaten müssen Sie etwas aufpassen, damit beim Grillen im Winter alles reibungslos gelingt. Sorgen Sie dafür, dass die Öle und Saucen nahe beim Grillgerät stehen, damit sie flüssig bleiben und aus der Flasche entnommen werden können. Je nach Kälte sollten Sie mehrere Kleidungsschichten anziehen, ordentliches Schuhwerk mit einer Thermoeinlegesohle ist ebenfalls ein heißer Tipp von uns. Glühwein, Punsch und Grog sind tolle Begleiter und können auf dem Seitenbrenner im rustikalen Emailtopf stilgerecht bereitgehalten werden. Wer ohne Seitenbrenner auskommen muss, der kann ruhig auch seinen Wok für die prozentigen Begleitgetränke zweckentfremden. Einige Malheurs werden Ihnen beim ersten Wintergrillen vielleicht noch passieren, aber der Spaß dabei und der anschließende Weg in die vorgewärmte Stube, die Sie und Ihre Gäste nach dem Grillen im Freien empfängt, werden für Sie und Ihre Freunde auch Motivation für den nächsten Wintergrilltermin sein.

Wer uns, liebe Leser, nach diesen Zeilen noch immer als „kleine oder auch größere" Spinner am Grill belächelt, dem stelle ich eine Frage, die auch mir einmal gestellt wurde und die mich zum bekennenden Ganzjahresgriller gemacht hat: Wie schmeckt Ihnen das Steak besser, vom Grillrost oder vom Herd in der Pfanne? Sollte Ihre Antwort wie die meine ausfallen, nämlich für das Steak vom Grillrost, dann frage ich Sie, warum gönnen Sie sich diese von Ihnen geschätzte Qualität nicht das ganze Jahr?
Mit tollem Steakgenuss zu jeder Jahreszeit wünschen Adi und Adi Ihnen immer eine Handbreit Glut unter dem Grillrost.

RIND INTERNATIONAL

Kobe Beef aus Japan. Bei diesem kulinarischen Highlight handelt es sich um Fleisch von ausschließlich reinrassigen Wagyu-Rindern mit original japanischer Abstammung. Das rassetypische Fleisch des Kobe-Rinds ist extrem zart und zergeht förmlich auf der Zunge. Es ist tief dunkelrot und von einer feinen Marmorierung durchzogen.

Txogitxu – das wahrscheinlich beste Rindfleisch der Welt.
Fleisch von bis zu 18 Jahre alten Weidekühen, die schon oft in ihrem Leben gekalbt haben. Es zeichnet sich durch vollen Fleischgeschmack aus, das Fett ist gelblich, da aufgrund der Fütterung sehr eiweißhaltig. Das Fleisch stammt von keiner bestimmten Rasse, wichtig ist nur die richtige Fettabdeckung des Tieres. Vertrieben wird es von der Großmetzgerei Txogitxu aus dem Baskenland, die das Fleisch inzwischen an Spitzengastronomen in fast halb Europa verkauft.

Luma Beef. Eine Kombination von langsamer, traditioneller Reifung am Knochen und der Verfeinerung durch einen speziellen Edelschimmelpilz. Diese Veredelung macht das Fleisch noch zarter und verleiht ihm die unverkennbare nussige Geschmacksnote.

Dry Aged Beef. Das Fleisch wird mindestens sechs Wochen lang trocken gereift. Durch ein spezielles Verfahren setzt eine Oberflächentrocknung ohne Schimmelbildung ein, welche für die hohe Haltbarkeit sowie den intensiven Geschmack verantwortlich ist.

Kräuterbeef. Die Fleischstücke werden mit Gewürzen bestreut und in entstaubtes Heu gewickelt, danach mit dem noch flüssigen Fett zur Gänze übergossen und für ca. 3 Wochen gereift. So wird das Fleisch besonders zart.

Black Angus. In der weiten Landschaft mit gemäßigtem Klima von New South Wales in Australien, wo beste Zuchtlinien und optimale Bedingungen zusammenkommen, kann bestes Rindfleisch für das perfekte Steak erzeugt werden. Die Black-Angus-Tiere werden in kombinierter Weide- und Getreideaufzucht gehalten. Das Resultat ist Spitzenfleisch mit einer sensationellen Marmorierung.

Yak. Der Yak ist in den Hochlagen Zentralasiens zuhause und bildet die Lebensbasis der dortigen Nomaden. Sein Fleisch ist wohlschmeckend und zeichnet sich durch eine leuchtend rote Farbe und einen hohen Vitamin- und Proteingehalt aus.

Nationale Besonderheiten in der Rinderzucht

Österreich
Rassen: Fleckvieh, Braunvieh · **Aufzucht, Ernährung:** hauptsächlich intensive Stallmast, schnelles Wachstum, zumeist Stieraufzucht · **Schlachtalter:** rund 18 Monate **Schlachtgewicht:** rund 400 kg · **Besonderheiten:** geringe Fettabdeckung, geringe Marmorierung, typische Farbe

Brasilien
Rasse: Zebu · **Aufzucht, Ernährung:** reine Weidemast **Schlachtalter:** 24–28 Monate · **Schlachtgewicht:** rund 340 kg · **Besonderheiten:** sehr konstante Qualität, Marmorierung weniger stark ausgeprägt, sehr hoher Verarbeitungsstandard

Argentinien
Rasse: Angus, Hereford, Shorthorn · **Aufzucht, Ernährung:** ausschließliche Weidehaltung in den weitläufigen Pampa-Weiden garantiert natürlichen Muskelaufbau **Schlachtalter:** 22 Monate · **Schlachtgewicht:** rund 340 kg · **Besonderheiten:** sehr feine Faserung, zarte Marmorierung, geringer Fettansatz, kräftige Farbe

Neuseeland
Rasse: Angus, englische Rassen · **Aufzucht, Ernährung:** ganzjährige freie Weidehaltung, reine Grasfütterung, Fokus auf stressfreie Aufzucht und Schlachtung **Schlachtalter:** rund 18 Monate · **Schlachtgewicht:** 280–360 kg · **Besonderheiten:** zartsaftiges Fleisch durch lange Reifezeiten (bis zu 12 Wochen bei Seetransport), zarte Marmorierung und Fleischfarbe, geringer Anteil gesättigter Fettsäuren

USA
Rasse: Hereford, Angus · **Aufzucht, Ernährung:** Aufzucht mit Grasfütterung in freier Natur, drei- bis sechsmonatige Veredelung durch Getreidefütterung in sogenannten Feedlots · **Schlachtalter:** rund 20 Monate **Schlachtgewicht:** 280–360 kg · **Besonderheiten:** saftiges Fleisch, feine Faserung, ausgeprägte Marmorierung, intensives Aroma

Australien/Uruguay
Rasse: Wagyu, Nachzüchtung des Kobe-Rindes **Aufzucht, Ernährung:** langsames Wachstum, Weidemast mit abschließender dreimonatiger Stallmast, ausschließlich Gras- und Kornfütterung, Biertränkung zur Fetteinlagerung · **Schlachtalter:** rund 36 Monate **Schlachtgewicht:** rund 350 kg · **Besonderheiten:** feinste Faserung, höchste Marmorierung, dunkelrote Farbe, geringer Anteil gesättigter Fettsäuren, unvergleichlicher Geschmack

DIE HÄUFIGSTEN ENERGIEQUELLEN BEIM GRILLEN UND DEREN NUTZER

HOLZ, HOLZKOHLE, HOLZKOHLEBRIKETTS, GAS, STROM

Zwischen den Anhängern der beiden Hauptenergiequellen Holzkohle und Gas wird beinahe ein Glaubensstreit geführt, was nun beim Grillen und in geschmacklicher Hinsicht das bessere Medium sei. Genau dieser Glaubensfrage können wir gerne auf den Grund gehen und alle erhitzten Grillgemüter zu einer entspannten Diskussion dieser Frage einladen.

Die geschmacklichen Unterschiede sind bei mageren Produkten – wenn technisch richtig gegrillt wird, also nur geringer Fettbrand entsteht – kaum wahrnehmbar.

Bei Gegrilltem mit hohem Fettanteil sieht die Sache schon etwas anders aus. Durch den hohen Fettanteil tropft doch einiges Fett in die Glut, und dadurch ergibt sich sehr wohl eine geschmackliche Übertragung von leichten Bitterstoffen, welche zugeordnet werden können. Allerdings gilt dies nahezu in gleichem Maße auch für den Gasgrilleinsatz, wenn es durch das Abtropfen von Fett zu gelegentlichem Fettbrand kommt.

Einen wesentlich größeren Einfluss auf den Geschmack hat der Grillrost (siehe Seite 24). Diese Erkenntnis beruht auf Kleingruppentests, die bei mir in der 1. Österreichischen Grillschule in Horn bei jedem Basisgrillseminar durchgeführt werden. Mittlerweile haben mehrere Tausend Grillseminarbesucher diese Blindverkostung absolviert. Dabei zeigt sich, dass der Grillrost wesentlich mehr nachvollziehbare Geschmacksveränderungen bewirkt als je durch die Energiequellen Gas oder Holzkohle zu erzielen wären.

Wichtiger ist bei der Wahl der Energiequelle der Umstand, wie ich als Person dazu stehe, also welche Energiequelle zu meinem Typ passt.

Der Purist

Holz für den Puristen unter den Grillmeistern

Wer sich der Energiequelle Holz verschrieben hat, wird auf alle Fälle jemand sein, der viel Platz hat, um sein Grillholz zu lagern. Denn um immer trockenes Grillholz vorrätig zu haben, wird man entweder getrocknetes Hartholz kaufen oder es selbst lagern und trocknen müssen. Denn ein Grillmeister, der denkt, dass jedes Hartholz automatisch auch gelagert und getrocknet ist, wird von der Praxis eines Besseren belehrt werden. Er wird dann sicherlich das Zischen und Ausdampfen beim Abbrennen des Holzes wahrnehmen und ebenso das zögerliche Anbrennverhalten zu spüren bekommen, wenn er sein frisches Hartholz entzünden möchte. Natürlich gibt es Grillholzanbieter,

die wirklich getrocknetes Hartholz mit möglichst wenig Rindenanteil anbieten, aber dieses ist erstens nicht immer erhältlich und zweitens schon gar nicht überall und drittens hat es einen höheren Preis, der dann allerdings auch gerechtfertigt ist durch die Kapitalbindung und die tatsächliche Trocknung, Lagerung und Stückelung.

Wer sein Grillholz selbst trocknen möchte, muss einfach die dreifache Menge des Jahresverbrauches kaufen und vorrätig halten. Zwei Jahre muss ich als Grillmeister investieren und dann kann der Zyklus beginnen. Jedes Jahr muss ein Jahresvorrat dazugekauft und gelagert werden, so vorgegangen, erhält man in drei Jahren wirklich trockenes Grillholz, welches schön und schnell anbrennt, harmonisch mit wenig Rauchentwicklung abbrennt und danach eine gute Glut für das Grillen ergibt. Wer sich mit diesen Umständen anfreunden kann, der ist ein wahrhafter Purist und wird sich jedenfalls vor dem Grillvorgang viel Zeit nehmen müssen, um zu seinem Glutnest zu kommen. Der Gewinn dabei liegt sicherlich im bewussten Investieren der Zeit, im meditativen Prozess, den das Abbrennen des Lagerfeuers, das Beobachten des Feuers und der Glut darstellt. Mit den Worten meiner lieben Schwester Iris: Die Belohnung liegt im Leermachen des Kopfes. So vom Alltag heruntergekommen, wird das in dieser archaischen Form zubereitete Gegrillte ausgezeichnet schmecken, weil dieser Grillmeister – bestens entschleunigt – auch die Speisen bewusst schmecken, riechen und genießen kann.

Der Traditionelle

Holzkohle für den traditionellen Typ unter den Grillmeistern

Dieser traditionelle Typ unter den Grillmeistern ist am weitesten verbreitet, das ist der Ursprungstyp unter den

Grillfans, man könnte auch sagen ein sehr aktiver Menschentyp. Wer bereits bis zu einer Stunde vor dem eigentlichen Grillvorgang den Geruch von entzündeter Holzkohle genießen möchte, um ebenfalls in einer genussvollen Vorbereitungsphase zu schwelgen, der findet sicherlich viele Gleichgesinnte. Diese Stunde macht auch diesen Typ von Grillmeister empfänglich für das nachfolgende Genussmahl vom Grill. Jene, die das Entzünden von Holzkohle im Garten als eher belästigend empfinden und mit den Worten, es rauche und stinke schon wieder, kommentieren, werden mit dieser Art der Energiequelle keine Freude haben. Sie werden eher Gas oder Strom bevorzugen. Aber Faktum ist, dass die Holzkohlefreunde die bei weitem größte Gruppe unter den Grillmeistern darstellen und es auch immer bleiben werden, denn das Abenteuer ist beim Anzünden der Holzkohle, beim Beherrschen der Glut und beim Grillvorgang immer mit allen Sinnen wahrnehmbar und präsent. Genau dafür geht die Sippe in den Garten, um dieses über viele Jahrhunderte zelebrierte Erlebnis zu feiern.

Der Fortgeschrittene

Holzkohlebriketts für den fortschrittlichen Grillmeister

Dieser Typ hat schon erkannt, dass er die Zeitressourcen in seinem Leben optimal nutzen muss, um nicht ein Timemanagement-Problem zu bekommen. Also greift er, zwar noch immer vom Abenteuer geprägt, zur Holzkohle, aber die Form ist ihm egal. Wichtig ist, dass er die traditionellen Werte des Anzündens, des Geruchs, der im Garten schwebt, noch genießen kann, ohne dass er dabei dann beim Grillen selbst zu sehr durch Hitzeverlust der Energiequelle in Stress gerät. Dabei handelt es sich um eine Zielgruppe von Grillmeistern, die erst in den letzten zehn Jahren entstanden ist. Entscheidend dafür sind die Griller mit Deckel, denn erst durch deren Verbreitung hat sich diese Form der Holzkohlebriketts durchgesetzt, ja, man kann sagen, erst durch diese Grillgeräte mit Deckel macht die Form der Briketts aus dem Rohstoff Holzkohle Sinn. Während anfänglich noch vermittelt wurde, dass die Briketts die gleichmäßigste, heißeste und am längsten anhaltende Hitzeabstrahlung für den Grillmeister bieten, sieht man jetzt nach einem Jahrzehnt, dass Gleichmäßigkeit der Hitze und lange Grilldauer durchaus zutreffen, die Briketts allerdings nicht die heißeste Form zum Grillen mit Holzkohle sind. Die normale Holzkohle bietet hier wesentlich heißere Spitzen. Der große Vorteil der Holzkohlebriketts liegt also in der Anwendung des indirekten Grillens und im langen Anhalten der gleichmäßig strahlenden Glut. Der Grillmeister muss nicht immer am Grillgerät stehen und kann sich um seine Gäste oder andere Dinge kümmern.

Dies bedeutet sicherlich eine andere Art der Entschleunigung als beim Puristen (Holztyp), der sich einfach die Zeit nimmt. Der fortschrittliche Typ erreicht die Entschleunigung durch die gestiegenen Glutzeiten und die Möglichkeit, wenig bis gar nicht aktiv zu sein oder eben doch aktiv zu werden, wenn er es möchte.
Diese Spezies des Grillmeisters zählt immer mehr Anhänger und trägt den Titel fortschrittlicher Typ wirklich zu Recht.

Der Individualist

Gas für den individualistischen Grillmeister

Der Grillmeister, der in individueller Weise an das Thema Grillen herangeht und für den gleichzeitig sauberes Arbeiten wichtig ist, wird seine Erfüllung in der Energiequelle Gas und den tollen Gasgrillgeräten von heute finden. Es macht nämlich keinen Sinn, in der Wohnstraße, wo schon neun Holzkohlegrillgeräte in den Gärten der Freunde (oder Nachbarn, Konkurrenten, Nebenbuhler, Alphamännchen) stehen, sich dem allgemeinen Druck (du wirst doch nicht einen Gasgriller nehmen) zu beugen, wenn Mann selbst nicht davon überzeugt ist, den zehnten Holzkohlegriller anzuschaffen. Vor allem dann nicht, wenn man eben keine Freude hat mit den schwarzen Händen, mit dem aufgeplatzten Kohlesack im Kofferraum und den damit verbundenen Reinigungsarbeiten etc. – auch wenn man noch immer manches Mal die überholte Stammtischmeinung hören kann, dass, wer einen Gasgriller hat, ein nicht ernst zu nehmender Grillfreund sei.
Wer einfach und spontan zu seinem Grillerfolg kommen möchte, der ist mit der schnellen und sauberen Energie-

quelle Gas bestens bedient, hat er doch über deren ständige und gleichmäßige Verfügbarkeit über den Regler am Gerät praktisch immer alles im Griff. Derart ausgestattet, bieten sich für spontane und individuelle, kurzum: auch nicht geplante Grilleinsätze alle Möglichkeiten. Aber auch von langer Hand vorbereitete ausgedehnte Grillrallyes sind mit dieser Energiequelle mühelos durchzustehen und der Grillmeister ist nicht von Stimmungsschwankungen seiner Energiequelle abhängig.
Diese Gruppe der Grillfreunde wird immer größer, vor allem weil Grillen mit Gas unseren eher engen Lebensräumen und dem oft engen Zeitpotential des Grillmeisters voll entgegenkommt und ihn bei der Tätigkeit der Speisenzubereitung in der Natur unterstützt, ohne ihn dabei allzu sehr zu fordern. Die eigentliche Anforderung an den Grillmeister ist nicht mehr das Anfachen der Glut, sondern liegt in der Zubereitung selbst. Diese Anforderung stellt sich dem Grillpiloten am Gasgrill allemal, denn auch die Energiequelle Gas will beherrscht und für ein tolles Grillprodukt eingesetzt werden. Nach kurzer Eingewöhnzeit wird man sehr schnell die Annehmlichkeiten schätzen, die diese Energiequelle mit sich bringt, und automatisch auf mehr Grilleinsätze kommen, als man gedacht hat. Die Spontaneität des Grilleinsatzes, die dadurch möglich wird, wird dafür sorgen, dass so manche Ausrede wie jetzt zahle sich das Grillen nicht mehr aus oder das mit der Kohle dauere zu lange hier nicht mehr zieht. So werden viele vom tendenziellen Nicht-Griller zum begeisterten Viel-Griller mutieren.

Der Revoluzzer

Strom für den Revoluzzer

Wer sich für Strom entscheidet, verfügt zumeist nicht über die baulichen Gegebenheiten und die Möglichkeit, sich im eigenen Garten oder Freibereich auszubreiten. Meist sind hier die räumlichen Voraussetzungen auf Terrasse oder Balkon begrenzt. Dafür bietet sich die Energiequelle Strom natürlich an.
Mittlerweile gibt es einige Grillgeräte, die damit betrieben werden, und wenn wir den Toaster und den klappbaren Toaster dazurechnen, verfügt nahezu jeder Haushalt schon über ein Gerät dieser Kategorie. Dass mit der Energiequelle Strom und 220 Volt im Haushaltsbereich nicht die Megaleistungen abgerufen werden können, ist natürlich klar, aber für ein persönliches Grillerlebnis reicht es allemal. Man sollte sich auch diese genussvollen Momente unbedingt gönnen und mit allen Sinnen den Geschmack von Gegrilltem genießen. Wenn auch in kleinerem Rahmen ausgeübt, so bietet auch diese Form des Grillens Entspannung und Erholung – man könnte fast sagen Urlaub, bei dem man die weite Welt zu sich nach Hause holt.
Diejenigen, die mit der Energiequelle Strom grillen, bilden sicherlich die kleinste Gruppe der Grillfreunde, aber besser mit Strom seine Freude am Grillen zu genießen als gar nicht in den Genuss dieser wunderbaren Tätigkeit zu kommen.
Und wer sich unter eingeschränkten Rahmenbedingungen verwirklichen und damit seinen persönlichen Freiraum erweitern kann, der ist für mich wahrlich ein Revoluzzer in unserer, meiner Meinung nach sehr unterwürfigen, Ja-Sager-Zeit. Daher, liebe Stromgriller, herzlich willkommen in der Gemeinschaft der Grillfreunde.

Abschließend sei zu den Energiequellen Folgendes gesagt: Die parallele Verwendung unterschiedlicher Energiequellen ist stark im Steigen, was sich daran zeigt, dass der Trend zum Zweit- und Drittgrill eindeutig kein Trend mehr ist, sondern in der Grillgemeinschaft eigentlich schon fast der Normalfall. Denn ein Grill ist eigentlich kein Grill, es gibt ja auch sicherlich keine Küche, wo nur eine Kochplatte eingebaut ist, nein, es sind sicher deren vier.
Mit diesen Zeilen entlasse ich alle Leser in die gemeinschaftlichen Haushaltsbudgetgespräche der Familie darüber, welcher Grill mit welcher Energiequelle wohl als nächster angeschafft wird.
Ihr Adi Matzek

ADI MATZEKS WEG ZUR HOLZKOHLE

DIE KÖHLEREI – EIN KULTURGUT

Das Medium Holzkohle ist für den Grillmeister ein allgegenwärtiges, welches stimmigerweise als passende Energiequelle für die Zubereitung der edelsten Steakteile gewählt wird. Dies geschieht oft nicht mit Absicht und hat vielfach nichts mit Qualitätsdenken zu tun.
Allerdings sollte man sich als Grillmeister bewusst sein, dass es heutzutage nicht mehr selbstverständlich ist, regional erzeugte Holzkohle erstehen zu können. Nur mehr wenige Einzelkämpfer, meistens land- bzw. forstwirtschaftliche Betriebe, üben die Tätigkeit der Köhlerei noch aus.
Wenn sich der Konsument nicht bewusst wird, dass hier ein Kulturgut nur durch das persönliche Einkaufsverhalten bewahrt werden kann – und nur so ist das möglich –, wird es in absehbarer Zeit die Wahl zwischen Holzkohle aus Regenwäldern oder doch lieber heimischer Grillkohle aus der Region gar nicht mehr geben.
Bereits jetzt gibt es nur mehr eine Handvoll Betriebe, deren Zahl sich gar nicht genau feststellen lässt. Durch meine Recherchen und Betriebsbesuche bin ich überzeugt davon, dass es österreichweit sicher nur mehr sechs bis maximal acht Erzeuger sind, die in mengenmäßig erwähnenswertem Umfang Holzkohle in überlieferter Form und in mühevoller Handarbeit durch den Verkohlungsvorgang von Holzscheiten erzeugen und somit eine alte Tradition aufrechterhalten.
Wer als Konsument von Grillkohle wirklich nachhaltig handeln will, ist gefordert, nach den wenigen Köhlereien Ausschau zu halten.

Mein Weg zu Anbietern von Holzkohle in Niederösterreich

Eigentlich hatte ich mich bei meinen Grilltätigkeiten und auch im Seminarbereich nie wirklich mit der Herkunft der Holzkohle beschäftigt bzw. wurde auch von Seminarteilnehmern nie detaillierter hinterfragt, was es genau mit der Kohle auf sich habe.
Erst durch ein Interview mit mir im Sommer 2013 durch eine große Tageszeitung zum Thema Holzkohle wurde ich auf dieses Handwerk aufmerksam und dafür sensibilisiert.
Mit diesem Bericht möchte ich meinen Teil dazu beitragen, dass jeder Grillbegeisterte selbst bewusst entscheiden kann, was er in Zukunft verwendet, denn nur mit dem Wissen um die Hintergründe kann man wirklich eine Entscheidung treffen, wie man als Konsument und Mitmensch mit den Ressourcen unserer Umwelt und Landwirtschaft, in diesem Falle der Forstwirtschaft, umgehen möchte.
Bei erwähntem Interview wurde ich zu den Besonderheiten der verschiedenen Kohlearten befragt und gerne gab ich mein Wissen weiter. Einige Wochen später bekam ich ein Belegexemplar der Zeitung mit meinem Interview, und beim Durchlesen des Berichtes wurde mir erst die Bedeutung des Köhlereihandwerkes so richtig bewusst. Mein Beitrag war passend und sehr gut miteingebunden, aber nachdem ich den Bericht über die Köhlerei gelesen hatte, wollte ich mehr über den Ursprung der Holzkohle wissen. Ich nahm mit der Familie Hochecker, welche in diesem Bericht zu Wort kam, Kontakt auf. Ein Anruf meinerseits hatte wenige Wochen später einen Besuch von mir zur Folge, bei dem mir Johannes und Theresia Hochecker alles zum Thema Köhlerei und Holzkohle erklärten. Direkt am Meiler konnte ich mich davon überzeugen, was alles notwendig ist, damit nach etwa drei Wochen Handarbeit und Kontrolle qualitativ hervorragende Holzkohle gewonnen werden kann.

Holzkohle ist ein Gemisch organischer Verbindungen mit ca. 81–90 % Kohlenstoff, 3 % Wasserstoff, 6 % Sauerstoff, 1 % Stickstoff, 6 % Feuchtigkeit (welche variiert) und 1–2 % Asche.
Holzkohle lässt sich bei ca. 200–240 °C leicht entzünden, und da die flammenbildenden Gase bereits bei der Verkohlung entwichen sind, brennt sie ohne Flamme weiter. Die Herstellung von Holzkohle war ein bedeutender Fortschritt für die Menschheit und wichtig für die Industrialisierung, denn sie wurde ursprünglich für die Eisengewinnung eingesetzt.
Aber die chemisch-physikalische Beschreibung spiegelt in keiner Weise das Leben und den Alltag der Köhler wider. Daher möchte ich meine Erfahrungen und Gespräche mit den Familien Hochecker und Wieser hier schildern und wiedergeben.

Meine erste Fahrt zu den Kohlemeilern führte mich nach Kleindurlas 13 in Michelbach nahe St. Pölten, zur schon erwähnten Familie Hochecker.
Die Köhlerei wird traditionellerweise von März bis September betrieben, aber eigentlich ist sie ein Ganzjahresunternehmen, denn es muss ja der Werkstoff Holz geschlägert und gewonnen werden. Dies geschieht in den Wintermonaten, wo der Meiler nicht raucht.
Als mystisch erlebte ich den Köhlerplatz bei einem meiner Besuche für unseren Bericht mit unserem Fotografen Herbert Lehmann. Wir hatten einen wunderbaren Tag erwischt, die Sonne meinte es gut mit uns und der tiefschwarze Untergrund der Meilerstätte zeigte alle seine farblichen Facetten: die abgrenzenden verwitterten Bretter in vielschichtigem Grau, daneben das Grün des Reisigs, welches zur Abdeckung benutzt wird, und der ca. 5 Meter hohe imposante Rundmeiler. Es erwarteten uns gleich zwei Stück davon: einer voll in Betrieb, schwarz mit Lösch (einem Gemisch aus Erde, Sand und Asche) abgedeckt, und einer, der fast fertig noch aus rohen Holzscheiten in verschiedenen Etagen aufgeschichtet vor uns stand. Ich hatte meine weißen Arbeitsgummistiefel mitgenommen,

denn von meinem vorherigen Besuch war mir noch in Erinnerung, dass das Betreten der verbrannten Erde wohl Spuren hinterlässt, wenn ich keine Schuhe zum Wechseln habe.
Womit ich bei den geschäftigen Hocheckers, welche dieses Handwerk bereits in der dritten Generation ausüben, nicht gerechnet hatte: Die liebe Theresia lud mich nicht nur zum Fotografieren ihrer Tätigkeit ein, nein, da ihr Sohn Martin, der die Köhlerei in der nächsten Generation fortführen wird, nicht zu Hause war, war ich es, der für die abschließende Arbeit am fast fertig gestellten Meiler eingesetzt wurde. Somit kann ich bestätigen, wie mühevoll die Handarbeit ist, die dafür notwendig ist.

Wie funktioniert nun die Verwandlung des Ausgangsmaterials Holz in energiereiche Holzkohle?

Der Meileraufbau beginnt mit dem Rost, die „Loatscheidln" werden zuunterst aufgelegt, damit von unten Luft ein- und ausströmen kann. Die Funktionsweise hat uns Johann beim Fototermin eindrucksvoll gezeigt, mit der Schaufel nimmt er seitlich unten die Abdeckung vom Lösch weg und erzeugt ein Zugloch. Zuvor hat er mit einer Leiter im Bereich des zweiten Rings den Meiler erklommen und mit einem Ansticheisen Löcher in den Meiler gebohrt. Wo ohne Öffnung am Meiler kaum etwas zu sehen gewesen ist, beginnt nun der Meiler aus den Bohrlöchern durch die Zuluft wie eine Dampflokomotive zu ziehen, und Herbert Lehmann kann sich über ein pittoreskes Fotomotiv freuen. Mit dem Ansticheisen prüft Johann üblicherweise den Verkohlungsgrad im Inneren.
Nach dem Rostaufbau kommt der erste Etagenring, dieser besteht aus einen Meter langen Spalthölzern, die aufgeschichtet werden. Für den zweiten und dritten Ring kann das Holz im Ganzen geschlichtet werden, das Spalten kann entfallen. Aber die riesigen Holzblöcke müssen erst einmal bewegt und in Position gebracht werden! Auf die dritte Etage kommt Reisig als Abdeckung, dieses ist für den Anzündvorgang wichtig und dient als Anzündhilfsmittel, ähnlich einem natürlichen Brandbeschleuniger. Das lange Rohr in der Mitte dient dazu, den Meiler anzuzünden. Vorher wird aber der fachmännisch geschlichtete Meiler noch mit der Lösch gänzlich bedeckt. Dies ist notwendig, damit der Luftabschluss gewährleistet ist und der Meiler bei Regen gegen Feuchtigkeit abgeschirmt bleibt. Bis der Meiler zum Anzünden bereit ist und fünf Meter hoch emporragt, vergehen drei Tage mühsamer Handarbeit. Natürlich stehen bereits moderne Hilfsmittel wie Traktor etc. zur Verfügung, aber diese Zeit wird dennoch benötigt.
Das Eisenrohr in der Mitte des Meilers dient als Kamin, und über diesen Kamin wird der Meiler entzündet. Johann befüllt ihn von oben mit Glut und Brennholz. Ab diesem

Moment dauert es bis zu drei Wochen, bis der Verkohlungsprozess abgeschlossen ist. Die Hitze arbeitet sich von oben nach unten durch den Meiler, und bei diesem langsamen Vorgang werden auch die mächtigen Rundhölzer in der Mitte zu reiner Kohle destilliert.
Dieser langsame Prozess vollzieht sich bei 350–400 °C, dadurch werden dem Holz Dämpfe und brennbare Gase entzogen, bis nur noch reine Holzkohle übrig ist. Johann erkennt beim Prüfen des Meilers, und das muss er in diesen drei Wochen ständig machen, ob alles planmäßig abläuft. Mit seinem Ansticheisen bohrt er Löcher in den Meiler und sieht an den Schattierungen des aufsteigenden Rauches, ob der Meiler im gewünschten Bereich brennt.
Sicherheit ist dabei ein sehr großes Thema und das beginnt schon nach dem Anzünden, denn es gibt das Phänomen des „Schlagens". Während der Einheizphase kann sich der ganze Meiler mehrmals ruckartig anheben, dadurch können die Lagen verrutschen und Frischluft kann unkontrolliert ins Innere des Meilers dringen. Derart sind schon einige Meiler abgebrannt und auch Gebäude, welche in der Nähe des Meilers standen.
Früher nächtigte der Köhler in der Nähe des Meilers in der sogenannten Köhlerhütte, was nichts anderes als ein primitiver Holzverschlag war, um den Meiler überwachen zu können. Wasser zum Löschen musste immer zur Stelle sein und wurde einem angrenzenden Bach entnommen, im Falle der Hocheckers ist dies der nahe gelegene Stollbergbach. Daher wurden die Meilerplätze sehr bewusst gewählt, und die Voraussetzungen genau überprüft.
Ist der Verkohlungsvorgang abgeschlossen, kann der

Meiler gelöscht werden, und die Holzkohlestücke werden entnommen. Dieser Vorgang nennt sich „Stören". Der erste Weg der Holzkohle führt auf den danebengelegenen Lagerplatz, dort wird die Kohle deponiert, denn die Gefahr einer neuerlichen Entzündung besteht immer noch. Erst wenn die Kohle mit Sicherheit erloschen ist, wird sie in Säcke verpackt. Das ist wahrlich Handarbeit und im Falle der Familie Hochecker ist es wohl einzigartig, dass hier die geschickten und fleißigen Frauenhände von Theresia Hochecker die letzte Qualitätskontrolle durchführen. Überspitzt formuliert ist dies die einzige Holzkohle, die von Frauenhänden gestreichelt in Säcke verpackt wird – für diesen Satz habe ich mir sicherheitshalber die Erlaubnis von Theresia geholt. Somit gibt es kaum Kohlenstaub wie bei industriell hergestellter Ware, die auch einen langen Weg vom Produzenten zum Konsumenten hinter sich hat und mehrfach umgelagert wird. Die Holzkohle wird dann in 9-kg- und 18-kg-Säcken angeboten.

In einer eigenen Kooperation mit mir gibt es eine Doppelgrillweltmeister-Holzkohle, welche Theresia Hochecker speziell in eigene Säcke zu 8 kg abfüllt; entnommen wird nur der hochwertigste Teil des Meilers, wo die Kohle ganz langsam entsteht. Somit zeichnet sich die Doppelgrillweltmeister-Holzkohle hinsichtlich Reinheit und Brennwert durch ein Mehr an Qualität aus. Diese exklusive Zusammenarbeit soll Theresia und Johann Hochecker und nicht zuletzt ihrem Sohn und Nachfolger Martin bei der Bekanntheit und der Vermarktung helfen. Bereits fix vereinbart sind eigene Seminartermine mit meinen Grillseminaren, die ich mit den beiden vor Ort abhalten werde. Es würde mich freuen, wenn ich viele Leser dieser Zeilen für einige Stunden bei diesen exklusiven Grillseminaren in Kleindurlas bei Michelbach, ca. 25 Kilometer von der niederösterreichischen Landeshauptstadt St. Pölten entfernt, im neuen Seminargebäude der Familie Hochecker begrüßen dürfte.

Auf meiner Holzkohlereise durch Niederösterreich kam ich auch zur Familie Gertrud und Peter Wieser, welche in Rohr im Gebirge an der Langseite 1 zu Hause ist. Peters Familie kann ebenfalls schon auf eine lange Köhlertradition zurückblicken. Der Langmeiler war ein Markenzeichen der Familie Wieser, und durch meine Bekanntschaft mit Peter Wieser habe ich auch diese Meilerform kennengelernt.

Auch habe ich erfahren, dass Peter die Köhler Österreichs im Europäischen Köhlerverein EKV vertritt. Gemeinsam mit seiner Frau Gertrud nimmt er die Interessen der österreichischen Köhler bei internationalen Tagungen wahr und ist diesbezüglich auch viel unterwegs.

Die Köhlerei galt ja seit jeher nicht als Gewerbe mit Lehrzeit und Gesellenprüfung, sondern als frei erlernbare Kunst, und sie wird in wichtigen Sammelwerken des 18. und 19. Jahrhunderts stets als „die Kunst des Kohlenbrennens" bezeichnet.

Da die Holzkohle durch die Weiterentwicklung der Eisenindustrie ihre Bedeutung für die Eisengewinnung verlor, ging auch das Köhlerhandwerk stark zurück bzw. verschwand fast völlig. Durch die neue Grillkultur in Europa, die einen enormen Aufschwung erlebt, eröffnet sich auch für die heimische Holzwirtschaft über die handwerkliche Köhlerei wieder eine interessante wirtschaftliche Nische. Am 11. April 2011 erging der Bescheid über die Aufnahme der Köhlerei als Immaterielles UNESCO-Kulturerbe, und am 2. Mai 2011 konnte Peter Wieser mit seiner Frau Gertrud stellvertretend für alle Köhler Österreichs im Kongresshaus St. Wolfgang von Maria Walcher, Geschäftsführerin der UNESCO-Kommission, die Urkunde entgegennehmen.

Ich wünsche allen Köhlern Österreichs bei ihrem Neubeginn des Köhlerhandwerks alles Gute und ich hoffe, dass meine Zusammenarbeit mit der Familie Hochecker von den Grillfans positiv aufgenommen wird. Die Produkte eurer wahrlich nicht einfachen Arbeit werden hoffentlich in Zukunft bei der Grillgemeinde Zuspruch finden und so das Weiterleben dieses traditionellen Handwerks ermöglichen.

Ich bedanke mich für die Gespräche, die schönen Stunden und die Offenheit bei den Familien Hochecker und Wieser, es war toll für mich, euer Handwerk und euer Wissen erleben zu dürfen sowie zu erkennen, dass Niederösterreich die eigentliche Hochburg dieses UNESCO-Kulturerbes ist. Früher war für mich jede Holzkohle schwarz. Erst durch die Weitergabe eures Wissens kann ich nun auch die Unterschiede bei den Holzkohlestücken und deren Herkunft deuten. Die Geschichte der Kohle ist nicht zu Ende, eigentlich beginnt sie erst jetzt!

Die beiden Fotos zeigen sehr schön den Unterschied zwischen Hartholz- und Weichholzkohlestücken.
Links: Weichholz, erkennbare Jahresringestruktur
Rechts: Hartholz-Buche, schichtartige Struktur

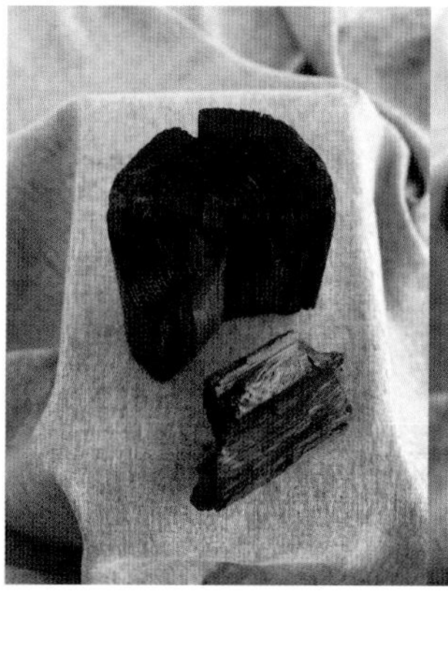

DIE MESSERKUNDE FÜR DEN GRILLMEISTER

Wenn Sie dieses Kapitel gelesen haben, schneiden Sie einfach besser ab.

Die Vorarbeit beim Grillen besteht zu einem hohen Prozentsatz aus der Zerkleinerungsarbeit mit dem Messer. Manche behaupten gar, bis zu zwei Drittel der Vorarbeit stehen im wahrsten Sinne des Wortes ständig auf des Messers Schneide.
Wenn man es genau betrachtet, wird man sich dieser Meinung anschließen, denn die Begriffe auslösen, achteln, zerlegen, halbieren filetieren, würfeln, schälen, zuputzen, herschneiden, zuschneiden, tranchieren, tournieren etc. verweisen auf das wichtigste Utensil in der Grillvorbereitung, das Messer.
The butchers wife is his knife – auch dieser Spruch kommt nicht von ungefähr. Dass bei dem fast rituellen Vorgang des Aufschneidens Mann gut abschneiden soll, liegt ja auf der Hand. Deshalb sollte die verwendete Klinge von bester Qualität sein, um ihrem Herrn folglich zu dienen und ihn lange zu erfreuen. Stahl in bester Qualität ist die Grundvoraussetzung für eine lange anhaltende Schärfe des Messers, ein rostfreier Chrom-Molybdän-Vanadium-Stahl ist hier das Markenzeichen der europäischen Messerkultur. Weiters ist die Balance des Messers ein wesentlicher Faktor, um ein ermüdungsfreies Arbeiten zu ermöglichen. Das Material des Griffs und seine ergonomische Form sorgen dafür, dass das Messer gut in der Hand des Meisters liegt, und schützen vor einem Abgleiten.

Wie ist der Aufbau eines Messers?

Vom Griff her führt der Übergang zum eigentlichen Messer, der Klinge.
Die Messerklinge wird wie folgt unterteilt:

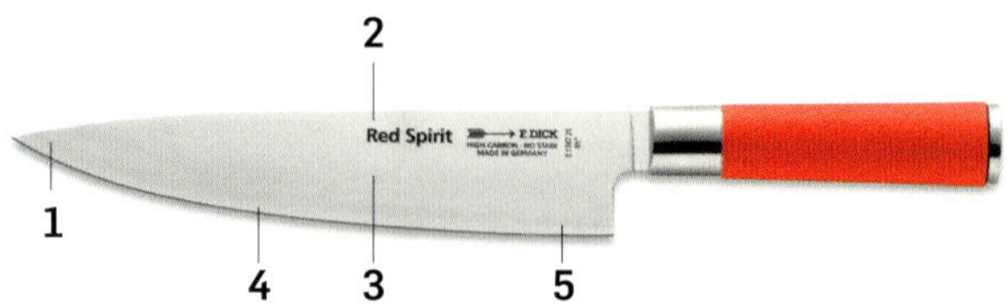

1. Die Klingenspitze: Dieser Teil der Klinge eignet sich für feinere und kleinere Schneidearbeiten wie das Einschneiden einer Schwarte sowie für das Knoblauchschneiden.

2. Der Klingenrücken mit seiner robusten und stabilen Ausführung ist der breiteste Materialteil beim Messer. Damit können gröbere Arbeiten, wie das Öffnen von Schalentieren und – für viele sehr wichtig – das Öffnen einer Bierflasche, erledigt werden.

3. Das Klingenblatt sorgt für die Masse am Messer und kann z. B. wie eine Spachtel zum Aufnehmen von Schnittlauch verwendet werden. Ebenfalls eignet sich das breite Klingenblatt ausgezeichnet dazu, Produkte zu zerdrücken und somit zu zerkleinern. Denken Sie dabei an eine Knoblauchzehe, die derart zerkleinert werden kann.

4. Die Schneide, das Herzstück des Messers: Damit wird die allermeiste Schneidearbeit verrichtet. Vom Portionieren des Fleisches bis zum Schneiden bzw. Wiegen von Kräutern lässt sich damit alles perfekt erledigen.

5. Mit dem abschließenden Teil der Schneide, dem **Klingenende**, wird der gröbere und anstrengendere Teil des eher schwer durchzutrennenden Schneidematerials zerkleinert, die Kraftumsetzung gelingt hier perfekt.

Die gängigen Messertypen für den ambitionierten Grillmeister

Kochmesser

Das Universalwerkzeug in der Grillküche. Das Kochmesser gibt es in verschiedenen Längen, aber die Durchschnittslänge liegt bei ca. 20–25 cm.
Die Verwendung ist extrem vielseitig und umfasst das Schneiden von Fleisch, Fisch und auch Gemüse. Die feineren Schneidearbeiten werden mit der Klingenspitze ausgeführt.

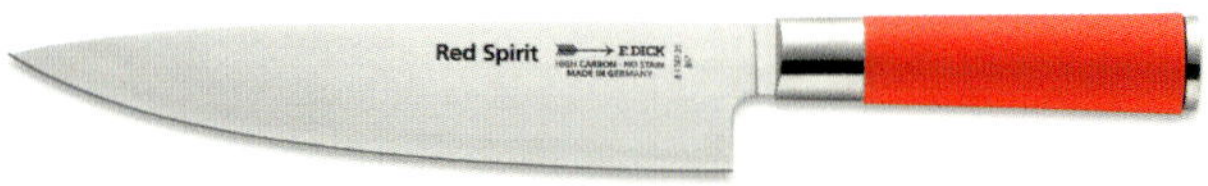

Santoku

Es ist das japanische Gegenstück zum europäischen Kochmesser.
Die Klinge ist in der Regel etwas kürzer, ihre Länge bewegt sich zwischen ca. 17 und 18 cm. Es wird ebenfalls zum Schneiden von Fleisch, Fisch und Gemüse verwendet. Von da kommt auch der japanische Name „Santoku", was mit „Drei Tugenden" übersetzt werden kann.

Schälmesser
Das kleine, universell einsetzbare, aber unverzichtbare Schäl- oder Tourniermesser ist neben dem Kochmesser das meistgebrauchte Messer in der Grillvorbereitung.
Wie sein Name schon sagt, wird es hauptsächlich für Schälarbeiten und feinere Schneidearbeiten verwendet.

Officemesser (Universalmesser)
Dies ist ein kleines, handliches Allzweckmesser. Neben dem Schälen eignet es sich hervorragend für kleinere Schneidearbeiten oder schlichtweg für den Anwender, der noch nicht so geübt im Umgang mit größeren Messern ist.

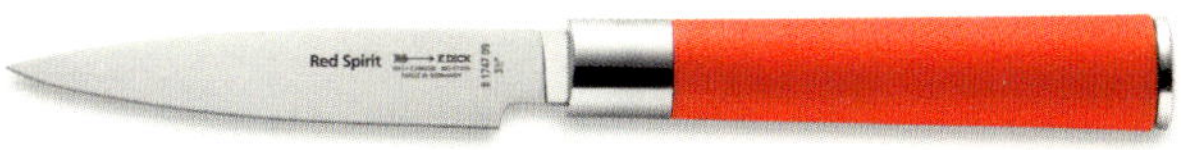

Filetiermesser (Filiermesser)
Das Filetiermesser ist mit seiner schmalen und elastischen Klinge zum Beispiel ideal zum Herausschneiden von Fischfilets. Aber auch für andere feine Schneidearbeiten ist es ein perfektes Werkzeug.

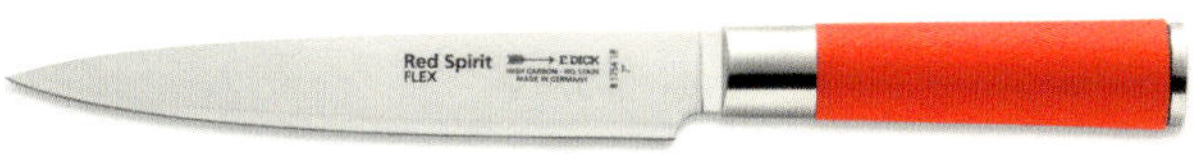

Ausbeinmesser
Dieser Messertyp ist ideal zum Herauslösen von Knochen aus Fleischstücken.
Mit einer schmalen Klinge in der Länge von ca. 15 cm ist es zumeist mit einer guten Spitze ausgestattet. Somit gelingt es damit perfekt, die Messerspitze bis an den Knochen zu leiten und an diesem entlangzuführen, um den Knochen freizulegen und herauszulösen. Dieser Messertyp wird mit starrer und flexibler Klinge angeboten. Es ist reine Gewohnheitssache, für welchen der beiden Klingentypen man sich entscheidet. Einem Fleischermeister liegt eventuell der starre Typ etwas mehr, ist man eher küchenerfahren, wird die flexiblere Klinge möglicherweise die bessere Wahl sein.

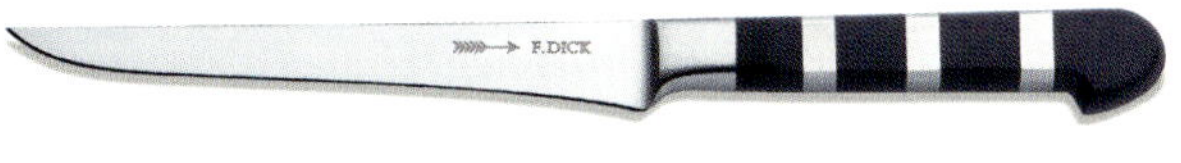

Die Sicherheit beim Schneiden

Das Wichtigste ist, beim Entnehmen des Messers von seinem Aufbewahrungsplatz die Spitze bewusst gegen den Boden zu richten und das Messer so an seinen Einsatzort zu bringen. Viele Verletzungen passieren auf dem Weg zum Schneideplatz mit einer zweiten Person, vor allem dann, wenn relativ wenig Platz vorhanden ist.
Mit einem gut geschärften Messer minimieren Sie Ihr Unfallrisiko bereits erheblich. Die Unterlage zum Schneiden muss stabil, eben und wackelfrei gewählt werden. Ideal sind große Schneidebretter aus Kunststoff oder Holz. Weniger gut für die Schneide sind Stein, Glas, Marmor oder gar Metall, da diese Materialien extrem abstumpfend auf die Schneide wirken und die Verletzungsgefahr erhöhen.

Ein einschneidendes und unfallfreies Vorbereiten Ihres Grillerlebnisses wünschen Ihnen
Adi&Adi

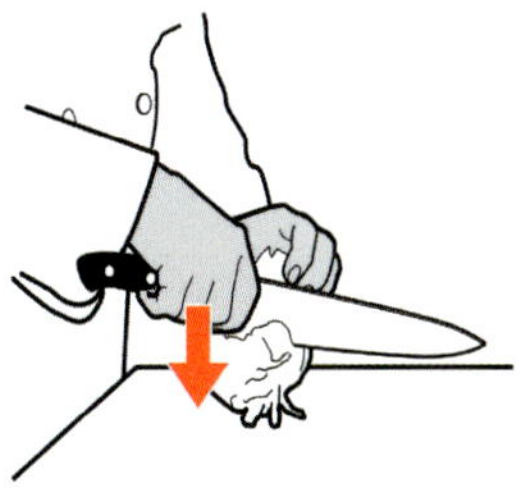
Horizontaler Schnitt
(z. B. Sellerie)

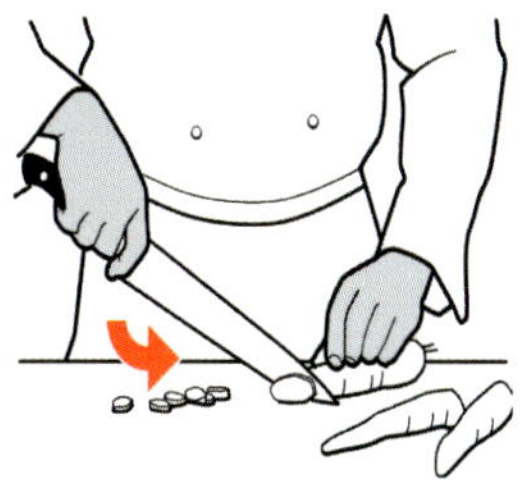
Einheitliches Kleinschneiden
(z. B. Karotten)

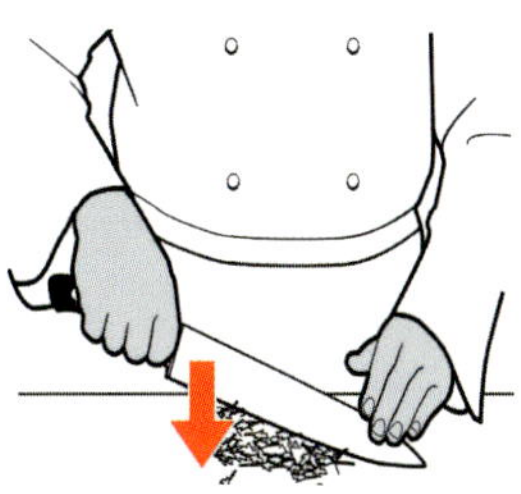
Wiegeschnitt
(z. B. Kräuter)

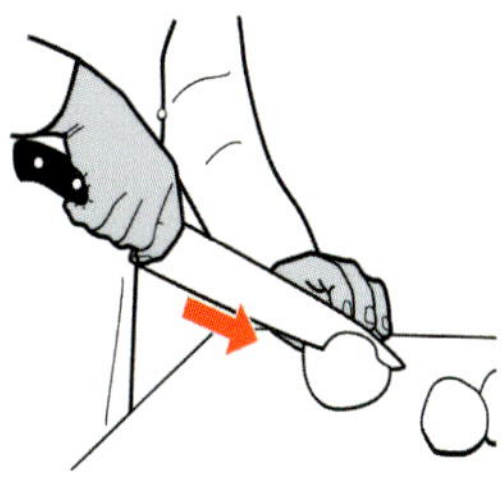
Einheitliches Großschneiden
(z. B. Kartoffel)

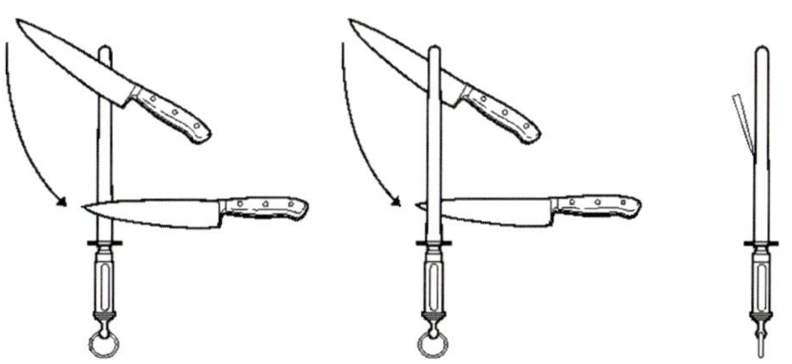
Der Bewegungsablauf beim Messerschleifen

GRILLERKUNDE

Der Grillgerätekauf

Die meisten Menschen besitzen ein Grillgerät, das ihren Bedürfnissen mehr oder weniger gut angepasst ist. Die Bedürfnisse ändern sich aber derzeit sehr nachhaltig, und so ist der Trend zum Zweit- und Drittgrill bei uns eingezogen. Es ist einfach entspannter, mit zwei Grillgeräten zu arbeiten und die Speisen mit der erforderlichen Temperatur zuzubereiten und dabei die Hitze den gewählten Lebensmitteln auch anpassen zu können. Oder können Sie sich noch eine Küche mit einem einzigen Kochfeld vorstellen?
Oft wird beim Grillerkauf in der Familie diskutiert, Vorlieben werden erörtert, die Finanzen eingeteilt. Faktum ist, dass hochwertige Materialien eingesetzt werden müssen, um ein hochwertiges Gerät zu erhalten, der Kauf von Billigstprodukten ist somit nicht ratsam. Das optimale Grillgerät sollte aber in erster Linie nach den eigenen Essensgewohnheiten ausgewählt, sprich diesen angepasst werden, denn nur so erhalten Sie beste Ergebnisse und damit gesteigerte Lebensqualität und Freude.
Am besten, Sie überlegen zunächst einmal, welche Speisen bei Ihnen bevorzugt auf dem Teller landen sollen, und mit dieser Liste sollten Sie dann das technisch richtig ausgestattete Gerät aussuchen. Der Fachhandel unterstützt Sie dabei mit Sicherheit bestens, um einen Fehlkauf zu vermeiden. Das gut ausgebaute Händlernetz mit Service und Nachbetreuung ist bei qualitativ hochwertigen Grillherstellern ein Garant für Sie, dass Sie auch noch nach Jahren Ersatzteile für Ihren Grill bekommen.
Der typische Drittgrill ist zumeist ein Platz sparendes und kleineres, mobiles Gerät, welches in jeden Kofferraum passt und für gewisse Stunden zu zweit vollkommen ausreicht.
Einen Grill kauft man nicht einfach, in ein Grillgerät investiert man, und steigert damit die eigene Lebensqualität.

Holzkohlegrillgeräte

Die meisten Grillfreunde sind der Holzkohle verfallen. Der Grund hierfür ist sicherlich, dass die Glut der Kohle dem ursprünglichen Lagerfeuer mit seiner ganzen Wildheit und Romantik, dem Abenteuer von damals, am nächsten kommt. Viele Grillkollegen schwören auf den „besseren", „anderen" Geschmack. Den kann man tatsächlich erleben, wenn sehr fetthaltige Produkte gegrillt werden und etwas abtropft. Der geübte Gaumen kann dann tatsächlich einen spezifischen Geschmack feststellen, dies ist jedoch nur bei der direkten Grillmethode möglich und bei mageren Produkten kaum feststellbar. Bei der indirekten Methode sind kaum Unterschiede am Produkt zwischen gasbetriebenen oder holzkohlebefeuerten Grillgeräten bemerkbar.

Denn abgesehen vom Faktor „Emotion", ist Holzkohle aus dem Blickwinkel der Wissenschaft betrachtet nichts anderes als zum größten Teil Kohlenstoff, und dieser verbrennt zu Kohlenstoffdioxid, welches keine Geschmacksveränderung am Grillgut mit sich bringt.
Die Anzahl an verschiedenen Modellen ist fast unüberschaubar. Wichtig erscheint mir dabei, dass der Materialeinsatz ein überzeugender ist und der Grill einen Deckel oder eine Haube als Abdeckung zur Hitzereflexion besitzt. Der früher beliebte offene Grill mit einer möglichen Einstellung verschiedener Rosthöhen, in transportabler oder fixer Form, wie die gemauerten Kamine, wird zusehends durch den Kugelgrill ersetzt.
Die Frage nach der Größe der Grillfläche ist entscheidend, die familientauglichste Größe bei einem Kugelgrill liegt bei ca. 57 cm Durchmesser.

Gasgrillgeräte

Oft wird ein Gasgrillgerät gewählt, weil es ein „sauberes" Grillen ohne Staub und Asche ermöglicht und zugleich eine sehr hohe Leistungsfähigkeit bei der Hitzeabgabe bietet. An Gasgrillgeräten gibt es heute vom kleinen mobilen Gasgrill bis zur perfekten Outdoorküche alles am Markt. Der Preisrahmen liegt hier im Bereich von ca. € 200,- – € 7.000,- und darüber. Gasgrillgeräte bieten hohen Komfort für den Grillmeister bei der Regulierung der Hitze. Da es eine sehr breite Angebotspalette gibt, sollte man die eigenen Bedürfnisse gut ausloten, um dann die Kaufentscheidung für ein optimal passendes Gerät treffen zu können.

Entscheidend für ein langlebiges Gerät sind wieder der Materialeinsatz und vor allem der Servicebereich, den der Hersteller für seine Geräte anbietet. Das Gerät sollte einen Deckel als Hitzereflektor haben und wer gerne mit Rotisserie und Spießen arbeitet, sollte nicht auf einen rückwärtigen Brenner als Ausstattungsmerkmal vergessen. Wer wirklich alle Arbeiten in der Naturküche erledigen möchte, der sollte sich auch für einen Seitenkocher entscheiden – der Weg in die Küche ist dann kaum mehr notwendig. Für Liebhaber hochwertiger Steaks empfiehlt es sich, ein Gasgrillgerät zu erstehen, das eine eigene zusätzlich heißere Zone für die Zubereitung hochwertiger magerer Fleischstücke anbietet.

Elektrogrillgeräte

Diese Geräte sind für die kleinen Mahlzeiten zwischendurch geeignet oder für Fälle, in denen der Gesetzgeber kein anderes Grillgerät zulässt. Da es sich bei Elektrogeräten zumeist um kleinere Grillgeräte handelt, sind diese in erster Linie zum direkten Grillen geeignet. Einige Geräte am Markt haben bereits einen Deckel und sind somit leistungsfähiger, weil weniger Energie entweicht. Bei der Stromversorgung ist auf einen ausreichenden Querschnitt des Kabels zu achten, wenn möglich sollte die verwendete Steckdose über eine eigene Sicherung verfügen. Benützen Sie nur die Verlängerung mit ausreichendem Querschnitt, die Sie bis zum Gerät unbedingt benötigen. Ein Kabel mit 15 m Länge, das auf der Trommel liegt und nicht abgerollt ist, kann verschmoren und Schaden nehmen.

Das Infrarot-Grillen

Die Sizzle Zone ist ein Infrarotbrenner, welcher Infrarot-Wärmestrahlung mit Temperaturen von bis zu 980 °C erzeugt. Durch die intensive Hitze wird Fleisch sofort scharf angegrillt, somit werden alle Säfte und Aromen im Fleisch nahezu „versiegelt". Der Name kommt aus dem Englischen (to sizzle = brutzeln).

Smoker

Die besten Ergebnisse für ein geschlossenes Grillsystem erhält man bei einem sogenannten „Smoker". Hier ist Räuchern und aromatisches Rauchgaren oder Garen möglich. Direktes Grillen ist in der „Feuerbox", wenn das Holz heruntergebrannt ist, bedingt möglich. Dafür sind diese wuchtigen Geräte grundsätzlich nicht gebaut. Ihr Haupteinsatzgebiet ist das Garen von größeren Fleischstücken über einen längeren Zeitraum, das sind im Regelfall mindestens 2 bis 20 Stunden. Garen über einen kürzeren Zeitraum nennt man „Barbecuen", beim längeren Zeitraum wird die Hitze oft weiter reduziert, dieses Verfahren wird „Smoken" genannt, bei uns spricht man landläufig von einem typischen Heißräucherverfahren.

Befeuert wird ein Smoker generell mit Hartholz, das möglichst wenig Rindenanteil hat, aber auch das Mischen mit Holzkohlebriketts empfiehlt sich, damit der Geschmack am Grillgut nicht zu „rauchdominant" ist. Wir empfehlen hier unbedingt, den Rauchgeschmack zu „zivilisieren", das kann über fallweise Befeuerung mit Holzkohle geschehen, aber auch das Abdecken oder Einwickeln in eine Grillfolie

ist hier oft hilfreich. Ein entscheidender Punkt sind auch die Gewürzmischungen. Wer einen Smoker sein Eigen nennt und mit herkömmlichen Gewürzen arbeitet, wird oft an die Grenzen des guten Geschmacks kommen. Die Ersten, die sich ablehnend gegenüber nicht fachmännisch erzeugten Produkten vom Smoker äußern, sind Frauen – sie beweisen oftmals einen sehr feinen Geschmackssinn und tun dann ihren Unmut über einen aschenbecherähnlichen, teerigen Geschmack auch kund. Das Geheimnis der speziellen Gewürzmischungen, wie sie in Amerika verwendet werden, der sogenannten „Rub-Gewürze", liegt zumeist in den enthaltenen Zuckeranteilen, die den Rauch neutralisieren, etwas abschließen und somit harmonischer machen. Bei Verwendung derartiger Mischungen wird oft vorher trocken mit dem Rub eingewürzt. Während des stundenlangen Garens wird das Fleisch mithilfe eines Mopps mit Ölmarinade eingepinselt, damit es nicht austrocknet. Derart liebevoll gehegte und gepflegte Fleischstücke aus dem Smoker sind geradezu eine Offenbarung und sorgen für eine immer größer werdende Fangemeinde dieser Gerätegattung.

Dutch Oven

Diese schwarzen Gusseisentöpfe mit einem Deckel, der dicht abschließt, sind wahre Wunderdinger. Aber nicht, was das typische Grillen anbelangt, sondern was Braten- und Schmorgerichte angeht, kann diesen archaischen Lagerfeuerutensilien so leicht keine noch so moderne Küchenmaschinerie auch nur annähernd das Wasser reichen. Warum Adi&Adi von diesen unscheinbaren Dingern so angetan sind, werden Sie erst verstehen, wenn Sie einmal ein Schulterscherzel von einer heimischen Fleckviehkalbin mit grob geschnittenen Gemüsestücken im Dutch Oven zubereitet serviert bekommen. Das Fleisch schmilzt auf der Zunge, die Sehne, die den Fleischteil durchzieht, ist vollkommen glasig und zergeht wie Butter, wobei, und das sei festgestellt, gleichzeitig das Gemüse noch immer eine angenehm feste Konsistenz aufweist und nicht musig wird. Im Gegenteil: Die Karotte hat noch immer Biss und der Geschmack gleicht einer Essenz derselben. Die Handhabung ist denkbar einfach: Wer ein Lagerfeuer hat, stellt den Dutch Oven einfach an den Rand des Feuers und legt Glutscheite obenauf. Perfekt und ohne Lagerfeuer geht dies mit Holzkohlebriketts, die auf den Deckel gelegt werden und ebenso unter dem Topf platziert werden – somit entsteht Oberhitze und Unterhitze, die anhand der Anzahl der Briketts gesteuert werden kann.

Holzpelletgrill

Der Holzpelletgrill sorgt für einen würzigen Rauchgeschmack des Grillguts, den man sonst in der Regel nur von einem „Smoker" erhält. Er ist einfach zu bedienen und in kürzester Zeit einsatzbereit. Ein wesentlicher Pluspunkt dieses Grills ist seine Umweltfreundlichkeit. Da Holzpellets aus Sägemehl hergestellt werden, bestehen sie zu 100 Prozent aus nachwachsenden Rohstoffen, und auch was den CO_2-Ausstoß betrifft, schneidet er, etwa verglichen mit einem Gasgrill, um Längen besser ab. Aufgrund seiner Multifunktionalität und seines breiten Temperaturspektrums kann ein Holzpelletgrill nicht nur als Grill, sondern etwa auch als Backofen verwendet werden. Er eignet sich für das Grillen von Steaks genauso wie etwa für das schonende Dünsten von Fisch, Gemüse und Kartoffeln.

Funco

Dieser Mehrzwecktisch ist Griller, Feuerstelle, Spielbrett und vieles mehr. Durch seine spezielle Konstruktion ist er vielfältig einsetzbar, und mit ihm steht der Grillmeister nicht mehr abseits des Geschehens, sondern ist mittendrin und für jeden kulinarischen Wunsch gerüstet. Grillen, kochen, backen: Es gibt fast nichts, was dieser Tisch nicht kann, und das sowohl mit Kohle als auch mit Gas als Energiequelle. Da überrascht es auch nicht, dass der Funco mit ein paar Handgriffen in eine Bar umgewandelt werden kann. Der Einsatz in der Mitte wird ausgetauscht und eine Kühlwanne sichert den Nachschub an eiskalten Getränken. So wird der Funco zum Mittelpunkt jeder geselligen Runde.

Wok

Der Ursprung des Woks liegt in China. Früher wurde die Eisenpfanne mit dem gewölbten Boden an der Feuerstelle benutzt. Da der Wok ein Universalkochgerät ist, wird der Gebrauch in Kombination mit Grillgeräten immer beliebter. Bei Gasgeräten verwendet man ihn auf eigenen Seitenbrennern, und auch beim Grillen mit Holzkohlegeräten erfreuen sich immer mehr Menschen in Europa an dieser schnellen und speziellen Zubereitungsmethode. Eigens entwickelte Wokgeräte runden die Angebotspalette rund um den Wok ab.

Grillgrates

Dabei handelt es sich um ineinandergreifende Platten mit erhöhten Schienen, die auf den Rost aufgelegt werden und eine neue Grillfläche bilden. Sie besitzen eine äußerst harte Oberfläche und eine viel bessere Wärmeleitfähigkeit als Stahl oder Gusseisen und sie rosten nicht. Die erhöhten Schienen liefern besonders prägnante Grillmarkierungen, da die Hitze konzentriert nach oben geleitet wird. In den Vertiefungen sammeln sich Säfte und Dämpfe und sorgen zusätzlich für Geschmack und Saftigkeit. Die Wärmeabstrahlung über die zusätzliche Masse ermöglicht gleichmäßiges und schnelles Garen und der Boden mit den kleinen Löchern schützt das Grillgut vor Verkohlung durch Fettbrand und Austrocknung durch zu starke Hitze. Grillgrates sind universell einsetzbar und in verschiedenen Längen verfügbar.

DER GRILLROSTREPORT

„Glanz & Glorie“ gegen „Schwarz & matt“
Edelstahlrost gegen Gussrost

Da die Grillroste, auf die die Steaks zur Bräunung gelegt werden, einer extremen Hitzebelastung ausgesetzt sind, muss dieses Herzstück des Grillgerätes aus hochwertigen metallenen Werkstoffen hergestellt werden. Die beliebtesten Vertreter sind aus rostfreiem Stahl oder aus Gusseisen, wir wenden uns im Folgenden deren Vor- und Nachteilen zu.

Der glänzende Attraktive

Der Edelstahlrost ist nicht immer das, was er verspricht. Der Rost ist, wenn er preislich sehr günstig ist, oft nur verchromt, also ein Chromrost. Wenn am Chrom Schadstellen auftreten, rostet dieser Rost wie jeder normale Stahlrost. Die Sache ist aber noch komplizierter, denn dabei kann es sich um verchromten Stahl handeln oder aber es ist der dem Stahl zugesetzte Chromanteil für die mangelnde Qualität verantwortlich, wenn dessen Anteil zu gering ist.
Mittels optischer Prüfung kann man sich bei einem neuen glänzenden Rost davon überzeugen, ob es ein verchromter Grillrost ist. Wenn der Glanz eher matt, leicht gräulich erscheint, wird es wohl, wenn so angegeben, tatsächlich nicht rostendes Material sein.
Vielfach lässt sich das auch mit einem Magneten prüfen: Ein Edelstahlrost dürfte nicht magnetisch sein, was der verchromte Grillrost praktisch immer ist. Allerdings gibt es auch „richtige“ Edelstahlfabrikate, die magnetisch sind und trotzdem nicht rosten. Diese werden häufig im medizinischen Bereich oder bei anderen hochwertigen Anwendungen eingesetzt, sind am Grillmarkt aber praktisch nicht zu finden.
Der Edelstahlmarkt hat so seine Tücken, wer sich näher damit beschäftigt, wird erkennen, dass die verschiedenen Qualitäten aufgelistet nicht annähernd auf einer DIN-A4-Seite Papier Platz haben.
Aber wer einen hochwertigen Edelstahlrost sein Eigen nennt, kann sich auf dessen Langlebigkeit freuen, und auch bei der Pflege bedarf er keiner besonderen Aufmerksamkeiten. Man kann ihn einfach in den Spüler geben, und auch chemische Reinigungsmittel sind hier kein Problem. Die Langlebigkeit, die sich der Grillmeister wünscht, ist gewährleistet.
Der Edelstahlrost ist sehr robust und verträgt auch einmal einen abrupten Temperaturabfall, die Gefahr des Brechens ist nicht gegeben und durch seine glatte Oberfläche lassen sich Ablagerungen bestens entfernen. Trotz allem sollten auch bei Edelstahlrosten nur geeignete Grillreinigungsbürsten mit Borsten aus Messing oder Edelstahl verwendet werden. Allerdings sind diese Roste in puncto Aufnahme und Speicherung der Hitze nicht so „leistungsfähig“ wie die Gussroste. Daher bedarf es etwas mehr Zeit, bis die gewünschten Streifen, die Grillmarkierung auf dem Fleisch (das sogenannte Branding), sichtbar werden. Auch ist das Branding nicht ganz so intensiv wie bei den Gussrosten. Der Vorteil des glänzenden Edelstahlrostes liegt eindeutig beim Reinigungshandling, in der hohen Elastizität und in der langen Lebensdauer.

Der schwarze Matte

Das Grundmaterial des Gussrostes ist, wie der Name schon sagt, Gusseisen; dies ist sehr offenporig und hat somit eine vergrößerte Oberfläche. Die besondere Qualität des Gussrostes liegt in der ausgezeichneten Wärmeaufnahme und Speicherfähigkeit.
Vom Handling her sind feste, hitzebeständige Grillhandschuhe immer von Vorteil, denn der Gussrost ist auch noch einige Zeit nach dem Grillen sehr heiß. Gusseisen ist ein sprödes Material, welches bei unsanfter Behandlung brechen kann, und auch thermische Beanspruchung wie schnelles Abkühlen mit kaltem Wasser tut dem Gussrost nicht gut. Dass dieser Rost etwas mehr Pflege benötigt als ein Edelstahlrost, liegt in der Natur des Werkstoffes.
Ein gusseiserner Grillrost gehört mit Öl eingestrichen und muss imprägniert werden, dies geschieht beim sogenannten Einbrennen. Mit einer Ladung durchgeglühter Holzkohle bzw. bei einem Gasgriller bei voll geöffneten Brennern wird der eingeölte Rost „eingebrannt“. Dabei kommt es für einige Zeit auch zu einer Rauchentwicklung, was auf das restliche Öl zurückzuführen ist, das dem Rost die Imprägnierung vor Feuchtigkeit gibt. Danach steht dem ungetrübten Grillvergnügen nichts mehr im Wege. Durch die homogene Hitzeaufnahme und Temperaturabgabe an das Grillgut ist der Gussrost der eindeutige Favorit des versierten Grillmeisters.
Die Steaks können scharf und kross gegrillt werden, das Branding wird prägnant, im wahrsten Sinne des Wortes eindrucksvoll ausfallen. Dass dies auch einen sehr positiven Eindruck beim Geschmack hinterlässt, ist selbstverständlich.
Der Gussrost sollte immer wieder eingeölt werden, dann kann ihm der Rost nicht zusetzen, und im Winter sollte er in einem trockenen Raum aufbewahrt werden. Im Allgemeinen kann man sagen, dass der Gussrost immer bestens funktioniert. Wenn häufig gegrillt wird, kann er gar nicht rosten.

Aus der Sicht des Steaks könnte man folgende Aussage treffen: „Wie man sich bettet, so liegt man.“
Also: Der ideale Rost für unsere beliebten Steaks ist eindeutig der Gussrost!

DIE GÄNGIGEN GRILLTECHNIKEN

Generell sprechen wir von Grillen, wenn bei einer Hitze von über 150 °C das Grillgut auf einem Grillrost mittels trockener Strahlungshitze zubereitet und gegart wird. Der Grillrost ist zwingend notwendig, denn erst damit kann die Strahlungshitze von überall an das Grillfleisch gelangen und auch bei indirekter Garmethode für die perfekte Bräunung sorgen. Dieser Bräunungseffekt wird auch Maillardreaktion genannt.

Die im Folgenden angeführten Grilltechniken können bei Holzkohlegrillgeräten, aber auch – mit Einschränkung – bei Gasgrillgeräten angewendet werden. Wir haben die möglichen Techniken mit H für Holzkohle- und G für Gasgrillgeräte gekennzeichnet, bei Gasgrillgeräten wird einfach über die verfügbaren Regler die Einstellung vorgenommen.

Das direkte Grillen (H/G)

Die beliebteste aller Grilltechniken, dabei wird das Grillgut auf dem Grillrost direkt über der Energiequelle zubereitet. Die heiße Holzkohle wird flächig im Grillgerät verteilt. Die Temperatur liegt hier meist bei 180 °C bis 300 °C.

Das Glutauge (H)

Wenn die Holzkohle oder Holzkohlebriketts direkt in der Mitte des Grillgerätes platziert werden, ergibt dies einen sehr heißen Hotspot, der für extremes Schnellgrillen genutzt wird. Meistens wird diese Hitze aber für Wok- und andere Pfannenzubereitungen eingesetzt.

Das indirekte Grillen (H/G)

Dabei wird das Grillgut seitlich von der Hitzequelle platziert, förderlich ist dabei ein Deckel, der die Hitze reflektiert. Allerdings ist dieser Deckel nicht zwingend notwendig, denn die typische Assado-Grillmethode etwa ist ebenfalls indirekt und nutzt die abstrahlende Hitze von Holzfeuer, wobei sehr große Fleischstücke, auch ganze Hälften, über sehr lange Zeit gegart werden.

Die verwendeten Temperaturen beim indirekten Grillen liegen meist bei 150 °C bis ca. 250 °C.

Bei Kugelgrillgeräten wird sehr oft die Holzkohle in Kohlekörbe gegeben und links und rechts vom Grillgut platziert, somit erhält man zwei Hitzepole, die für eine ausgezeichnete Zirkulation sorgen.

Aber auch eine 50/50-Platzierung der Holzkohle ist beim indirekten Grillen möglich, das heißt, 50 Prozent des Kohlerostes werden mit Holzkohle belegt und 50 Prozent bleiben ohne Kohle; dies ist eine sehr beliebte Variante. Man kann das Verhältnis aber auch 2/3 Kohle und 1/3 ohne Kohle bzw. umgekehrt wählen.

Ringförmige Holzkohleanordnung (H / teilweise G)

Ebenso gibt es die ringförmige Anordnung der Grillkohlebriketts. Geschieht dies mit heißen Briketts oder Holzkohle, kann man ausgezeichnet Pizza auf einem Stein oder Brotteige auf dem Pizzastein in der indirekten Zone zubereiten; die dabei eingesetzte Temperatur beträgt über 220 °C.

Ringförmig angeordnete Holzkohlebriketts (H)

Wenn ringförmig angeordnete Holzkohlebriketts kalt verwendet werden und nur die ersten Briketts angezündet werden, spricht man auch vom Luntengrillen. Dies sorgt für niedrige Temperaturen im Grill (ca. 60–90 °C,) der dabei über lange Zeit die gewünschte Temperatur halten kann.

Die Temperatur wird über die Menge und Dicke der aufgeschichteten Holzkohlebriketts gesteuert.

Das Barbecuen (H/G)

Das Barbecuen setzt immer indirektes Grillen voraus, allerdings liegt der dabei eingesetzte Temperaturbereich zwischen 90 °C und 150 °C.

Das Smoken (H und Smokergeräte)

Beim Smoken wird immer indirektes Grillen vorausgesetzt, die verwendete Temperatur liegt dabei zwischen ca. 60 °C und maximal 90 °C. Dies geschieht mit Rauchunterstützung durch die Auswahl von Hartholz oder, wenn man mit Holzkohle arbeitet, über die Zugabe von Holzkohlespänen, um einen Räuchereffekt zu erzielen.

FEUER UND FLAMME –

FLAMBIEREN FÜR DEN WAHREN PYROPRAKTIKER AM GRILL

Wenn man nun schon am heißen Grill mit Glut und Co steht, wieso sollte man dann auch noch zündeln? Nur für einen zusätzlichen Showeffekt? Nun, die Antwort ist recht einfach: Weil es schmeckt!
Was passiert mit den Speisen beim Flambiervorgang? Der in der Flambierflüssigkeit enthaltene Alkohol wird entzündet und verbrennt vollständig, sofern die Flamme nicht vorschnell gelöscht wird. Was übrig bleibt, sind die jeweiligen Aromen und Geschmacksnoten, die die gewählte Flambierflüssigkeit mit sich bringt; das kann z. B. bei Obstschnaps eine fruchtige Note sein, bei Whiskey eine fein rauchige Würze etc. Weiters karamellisiert in den Speisen vorhandener Zucker beim Verbrennungsvorgang, sofern dies nicht schon beim Grillvorgang geschehen ist. Gegart werden die Speisen jedoch durch das Flambieren nicht mehr, sie sollten schon vorher den gewünschten Gargrad erreicht haben.

Wie kann das Flambieren am Grill gelingen?

Das Wichtigste ist die Flüssigkeit, mit der flambiert werden soll. Sie sollte mindestens 40 % Alkohol enthalten, besser noch 50 %. Alle hochprozentigen Alkoholika eignen sich demnach zum Flambieren, je nach gewünschter Geschmacksnote kann z. B. zu Whiskey, Calvados, Rum, Weinbrand, Obstbrand, Cointreau oder Ähnlichem gegriffen werden.
Bei so hohen Alkoholvolumina sind die Aromen besonders intensiv und die Verdunstung des Alkohols ist stärker, was ein wesentlich länger anhaltendes Spiel der Flammen ermöglicht.
Im besten Fall erwärmt man den Alkohol leicht, bevor man ihn über das Flambiergut gießt. Ein kleines volles Schnapsglas reicht als Menge vollkommen aus. Ein Zuviel wäre dem guten Geschmack nur abträglich.
Das auf dem Grill fertig zubereitete Flambiergut, z. B. ein Steak, wird in eine bereits erhitzte Gusspfanne gelegt, dort mit dem erwärmten Alkohol übergossen. Dieser wird sodann mit einem langen Streichholz oder Feuerzeug entzündet.
Eine weitere Variante ist das Entzünden des Alkohols in einem Schöpflöffel (der sogenannten „Louche"), wenn möglich mit einem längeren Stiel. Damit wird das brennende Destillat über das Grillgut gegossen und kann dort in einer beachtlichen Feuershow verbrennen. Vorsicht bei der Flamme: Kopf nicht über die Flamme halten, zuschauende Gäste bleiben am besten etwas zurück.

Wenn der Alkohol vollständig verbrannt ist, erlischt die Flamme von selbst und zurück bleiben am Grillgut lediglich verführerische Geschmacksnoten, das geschmackliche Herzstück des Destillates, das jedes Steak zum Hochgenuss adelt.
Bevor Sie Gäste mit dem aufregenden Schauspiel und Genuss flambierter Speisen beeindrucken, sollten Sie das Flambieren im kleinen Kreis ausprobieren. Dabei können Sie auch gleich verschiedene Geschmacksvarianten testen und Ihre Lieblingskombination von Grillgut und Flambierflüssigkeit herausfinden.
Direkt auf dem Rost ist es natürlich nichts mit den flüssigen Vertretern der hochprozentigen Abteilung, und es ist auch nicht jedermanns Sache, wenn alle Stücke in einer Pfanne derart veredelt werden.
Diesem Umstand der punktuellen Flammenshow am Grillgerät widmet sich eine Partnerschaft von Doppelgrillweltmeister Adi Matzek und der „Mostelleria" von Doris Hausberger und Josef Farthofer in Öhling. Dort wurde ein Destillat von Wodka-Weltmeister Josef Farthofer derart verändert, dass es in zähflüssigen Zustand gebracht wurde und somit exakt auf die zu flambierende Grillage aufgebracht werden kann. Der Name dieses neuen Flambierproduktes, das sich durch seine einzigartige Gel-Konsistenz auszeichnet, ist „Devil's Flame", und es ist aus rein biologischen Rohstoffen hergestellt. Es gibt es in mehreren Geschmacksrichtungen und eignet sich vortrefflich für das Flammenspiel auf dem Grill – eine tolle Lösung für die wahren Pyropraktiker am Grill.

Genießen Sie die Essenz des Hochprozentigen auf Ihrem Grillgut.

Brennt auch Ihr Herz fürs Flambieren, dann seien Sie ruhig Feuer und Flamme!

VIER GÄSTE – VIER GERICHTE – EIN KUGELGRILL

und alles soll zur selben Zeit fertig sein

Auf einem Kugelgrill oder auch Gasgrill kann ich für mehrere Personen verschiedene Gerichte gleichzeitig grillen. Gute Planung hat dabei höchste Priorität!
Es ist wichtig, sich die Gerichte genau zu überlegen und dabei die unterschiedlichen Garzeiten des Grillguts zu berücksichtigen.
Diese Schritte kann ich gut vorbereiten: Zutaten mit Gewürzen und Marinaden herrichten (Fleisch nie aus der Kühlung auf den heißen Grill legen) – Beilagen nach Bedarf waschen und schneiden – Salate und Dip-Saucen bereitstellen – den Tisch decken – die Getränke in ausreichender Menge gut kühlen – Griller anheizen.

Jetzt zu unserem konkreten Beispiel aus dem Familienalltag für ein vielfältiges Grillmenü mit unterschiedlichen Gerichten, welche aber gleichzeitig genossen werden sollen.

1. Der Vater liebt ein schönes Steak, 3–4 cm hoch und 200–250 g schwer und gut mariniert.
2. Die Mutter bevorzugt eine Junghendlbrust ca. 150–180 g schwer, auch gut mariniert.
3. Von den beiden Kindern möchte das Mädchen gegrillte Würstel, der ältere Sohn ein gegrilltes Schweinskotelett, 1–1,5 cm dick, 80–100 g schwer, gut gewürzt.
4. Als Beilage sind gefüllte Erdäpfel geplant, wobei der Vater zum Schluss seinen Erdapfel noch mit einer schönen Scheibe Edamer belegt haben will.

Vor diese Herausforderung gestellt, richte ich als Grillmeister den Griller für direkte Hitze in der Mitte her, halte die Temperatur auf 250 °C, setze bei meinem Kugelgrill meinen Sear-Grate-Gusseisenrost ein und platziere meinen Kohlekorb genau darunter. Ich verwende immer die Kohlekörbe, damit die Hitze zentriert ist, und wenn die Kohle im Korb schön „kuschelt", hat man eine bessere Hitzeentwicklung. Anschließend reinige ich den Rost mit meiner Grillbürste und öle ihn mit einer Zwiebel gut ein.
Ich hole mein Brett mit dem marinierten Fleisch – **Steak, Hühnerbrust, Kotelett, Würstel** – und den **Erdäpfeln**.
Als Erstes lege ich die **Erdäpfel** indirekt auf den Grillrost (an den Rand im Uhrzeigersinn), danach grille ich die **Steaks** (als Faustregel gilt je nach Stärke pro Zentimeter 1 Minute lang), in unserem Fall je Seite 3 Minuten, sodass ein schönes Grillmuster entsteht.
Danach nehme ich die Steaks und lege sie auf die indirekte Stelle auf dem Grillrost, nach den Erdäpfeln.
Als Nächstes reinige ich den Rost in der Mitte, öle ihn nochmals ein und grille die **Junghendlbrust** ca. 2 Minuten pro Seite scharf an. Dann lege ich sie auf die dritte Position in der indirekten Zone.
Anschließend erneut den Rost reinigen und einölen, das **Kotelett** scharf angrillen, ca. 1 1/2 Minuten pro Seite, und ebenfalls wieder indirekt legen. Zuletzt werden die **Würstel** kurz angegrillt und indirekt auf den Grillrost gelegt.
Nun schließe ich den Deckel des Grills und halte ihn als Faustregel ca. 10 Minuten geschlossen. Dadurch entsteht eine schöne Umluft-Zirkulation und alles im Griller wird gleichzeitig gegrillt. Diese Methode hat auch den Vorteil, dass es durch den Kamineffekt (Durchzug – unten und oben offen) keine Geschmacksübertragung gibt. Nach dem Öffnen des Deckels das Fleisch kurz rasten lassen, den Erdapfel für den Vater mit dem Käse belegen, kurz in die Mitte schieben und übergrillen, bis der Käse leicht geschmolzen ist.
Nun können alle gleichzeitig ihre individuell gewünschten und zubereiteten Speisen genießen, und es spielt auch keine Rolle, wenn das vier oder fünf Personen pro Gericht sind. Wir haben mit einem Kugelgrill schon für 16 Personen vier verschiedene Gerichte gleichzeitig gegrillt, was bei den Gästen natürlich dementsprechendes Staunen ausgelöst hat.
Wie gesagt: „Mist am Platz" (= *Mise en Place*) ist das halbe Grillen!
Ihr Adi Bittermann

SALZEN, PFEFFERN, WÜRZEN

Die Basis für jede Würzung sind Salz und Pfeffer.

Für viele unserer Grillkollegen ist diese Basis bereits ausreichend, um einen vollendeten Geschmack zu erzielen.

SALZEN VOR DEM GRILLEN IST IN ORDNUNG

In meinem Grillbuch „Grillgenuss" aus dem Jahre 2010 habe ich mit dem ersten öffentlichen Salztest Europas über das Phänomen „Salzen vor oder nach dem Grillen" berichtet.
Jetzt, nach über 10 Jahren nahezu alleiniger Pionierarbeit, bekomme ich Unterstützung durch eine neue Studie: Die Universität für Bodenkultur befasste sich mit wissenschaftlicher Methodik ausführlich mit diesem Thema. Die Autorin der Studie, Frau Dipl.-Ing. Veronika Trunk, führte alle Versuche und Tests durch.
Für den Versuch wurden je acht gesalzene und ungesalzene Steaks von der Beiried (Kategorie Jungstier) auf ihre Zartheit, Saftigkeit und ihren Gewichtsverlust vor und nach dem Grillen unter exakt gleichen Bedingungen analysiert. Bei der Auswahl des Fleisches wurde auf eine verbindliche Qualität der Teilstücke (AMA-Gütesiegel) unter identen Rahmenbedingungen größter Wert gelegt. So wurden sie nach der Schlachtung 14 Tage lang bei 3 °C gereift. Zubereitet wurden die exakt gleich dicken Beiriedsteaks von ca. 300 g Gewicht auf dem Grill. Die Kerntemperatur wurde mit 65 °C Endtemperatur gewählt, was einer sehr weiten Garstufe von „medium" oder eher „medium well" entspricht. Die Salzzugabe wurde je Steak mit 3 g Kochsalz vorgenommen.
Die Ergebnisse bezüglich Grillsaftverlust:
Steaks ungesalzen vor dem Grillen: 17 % Verlust – Steaks vor dem Grillen gesalzen: nur 11 % Verlust.
(Quelle: Grillzeit)
Das bedeutet, dass die Zugabe von Salz vor dem Grillen zu einem 40 % relativ niedrigeren Grillsaftverlust führt. Dieses Ergebnis zeigt genau das Gegenteil von dem, was landläufig immer angenommen wurde (das Salzen vor dem Grillen führt zu einem Saftverlust), und bestätigt nur meine eigenen Salztests, die ich schon im Jahre 2010 durchgeführt habe.
Die Erklärung dafür: Es liegt offensichtlich daran, dass Salz die Wasserbindungsaktivität von Fleisch erhöht. Es wirkt quellend und lösend auf die Muskelproteine im Fleisch. Was für den gelernten Fleischermeister, wenn er die Vorgänge genau deutet, ja nichts Neues ist. Das bedeutet, dass die morphologischen Zwischenräume zwischen den Muskelsträngen größer werden und so Wasser eintreten kann und gleichzeitig festgehalten wird. Die gelösten Muskelproteine binden sich bei Erhitzung zu einem Netzwerk zusammen. So erhöhen sie die Textur des Fleisches und halten trotz Grillhitze das Wasser im Fleisch fest.

Zartheitsuntersuchung

Bezüglich der Zartheitsuntersuchung wurde die sogenannte „Scherkraftmessung" (Kraft, die aufgewendet werden muss, um ein Stück Fleisch mit einer Klinge zu durchtrennen) durchgeführt. Steaks, die vor dem Grillen nicht gesalzen wurden, waren nur geringfügig zarter (um 2 %) als die gesalzenen Steaks.
Dieser Effekt kann durch die gequollenen und gelösten Muskelproteine erklärt werden, die bei Erhitzung ein Netzwerk bilden und so die Textur erhöhen. Diese kleine Abweichung zwischen gesalzenen und ungesalzenen Steaks ist am Gaumen nicht spürbar, aber 40 % weniger Aussaftung von vor dem Grillen gesalzenen Steaks sind sehr wohl sensorisch bemerkbar.
Diese Studie von Frau Dipl.-Ing. Veronika Trunk unterstreicht also eindeutig meine jahrzehntelange Überzeugung, dass das Salzen vor dem Grillen nicht nur keine Nachteile, sondern saftigere Steaks bringt und keine nennenswerte Verschlechterung bezüglich der Zartheit des Fleischstückes gegeben ist.
Das Salz sollte wenn möglich aus der Salzmühle frisch gerieben werden, dafür empfiehlt sich grobes Meersalz. Wer Fleisch am Teller mit Salz veredeln möchte, dem seien die zarten Meersalzflocken „Fleur de Sel" nahegelegt. Nach wie vor gilt natürlich, dass über längere Zeit marinierte Grillfleischstücke besser ohne Salzzugabe behandelt werden.

Pfeffer

Pfeffer entfaltet sein Aroma am besten, wenn er aus einer Pfeffermühle frisch gemahlen wird. Wir unterscheiden beim echten Pfeffer zwischen dem roten, schwarzen, grünen und weißen Pfeffer. Diese Pfeffervarianten stammen immer von der gleichen Pflanze, der Unterschied ergibt sich aus dem Reifestadium und der weiterführenden Verarbeitung.
Die Unterschiede im Geschmacksbild der Pfeffersorten werden stark durch die Anbaugebiete bestimmt.

Würzen

Da mit Gewürzen und Kräutern noch eine zusätzliche Bandbreite an Geschmack dazugewonnen werden kann, ergibt sich eine unendliche Kombinationsvielfalt für Ihre persönlichen Geschmackskompositionen.
Der Übergang von Kräutern zu Gewürz oder Gemüse ist fließend. Meist wird die oberirdisch unverholzte Pflanze als Kraut verwendet. Grundsätzlich kann man sagen, dass getrocknete Pflanzenteile als Gewürz bezeichnet werden können, während sie im frischen Zustand zu den Kräutern zählen. Die ätherischen Öle der Kräuter verleihen ihnen ihren charakteristischen Duft.
Eine Würzung besteht meist aus einer Mischung von Kräutern und Gewürzen. Bei Fertigmischungen ist auch ein Salzanteil vorhanden, somit braucht man gar nicht mehr oder nur sehr sparsam salzen.

Geschmacksgebung mit trockenen Würzungen

Mit einer Würzung, die trocken vorgenommen wird, erreicht man eine zusätzliche Geschmacksnote, die aber dem Grillgut durchaus seinen Eigengeschmack belässt. Richtig dosiert ist das Gewürz ein angenehmer Begleiter und rundet das Gesamtergebnis ab. Die Zugabe kann unmittelbar vor dem Grillvorgang passieren. Wenn der Zeitpunkt schon früher gewählt wird, erreicht man eine deutlichere Dominanz des Gewürzes im Verhältnis zum Eigengeschmack des Grillproduktes.

Geschmacksgebung mit Marinaden (Nasswürzung)

Beim Marinieren von grillfähigen Produkten setzt man eher auf den Geschmack der Marinade; der Eigengeschmack des Produktes wird dabei nur mehr von zweitrangiger Bedeutung gesehen. Wenn die Marinierzeit mehrere Tage andauert, setzt sich die Marinade so weit durch, dass sich der Eigengeschmack des Ausgangsproduktes oft gänzlich verliert. Die Marinadenherstellung im einfachen Bereich ist eine Würzung, die mit Öl zu einer Nasswürzung angesetzt wird. Die Marinade wird über die grillfähigen Produkte gestrichen oder die Produkte werden darin eingelegt.

Weichmachung und Geschmacksgebung mittels Marinaden

Wenn einer Marinade säurehältige Produkte wie Joghurt, Wein oder Essig zugefügt werden, so greifen diese Säuren das Bindegewebe des marinierten Fleisches an. Werden Säfte von Früchten wie Ananas (Enzym: Bromelain), Kiwi etc. beigefügt, so zerstören deren Frucht-Enzyme das Bindegewebe durch Proteolyse und das Fleisch wird dadurch mürber. Da dieser enzymatische Vorgang rascher abläuft als die oben genannten Säuren wirken, ist dabei auf nicht zu lange Marinierzeiten zu achten.

PFEFFER UND STEAK

Pfeffer ist nicht gleich Pfeffer – Pfeffer ist eine Wissenschaft

Wir kennen den schwarzen und den weißen Pfeffer und wir wissen, dass der Pfeffer aus der Pfeffermühle ein besseres Aroma hat und dass Pfeffer eine angenehme Schärfe entwickelt, wenn man ihn frisch mahlt. Es gibt auch grünen Pfeffer, der in eine Lake eingelegt wird und sehr gerne für das klassische Pfeffersteak verwendet wird. Der rosa Pfeffer hat eine schöne Farbe, aber seine Schale ist leicht klebrig und verklebt auch die Pfeffermühle, wenn man rosa Pfeffer allein in der Mühle verwendet. Dann gibt es noch den Langpfeffer (Urwald-Pfeffer), den Szechuanpfeffer, der auch Anis-Pfeffer genannt wird, den Jamaikapfeffer, den Tasmanischen Bergpfeffer, den roten Pfeffer und den Tellicherry-Pfeffer.

Schwarzer Pfeffer

ist aromatisch-scharf, wird kurz vor dem Reifestadium geerntet; beim Trocknen in der Sonne werden die Körner schwarz.

Weißer Pfeffer

ist sehr scharf, aber wenig aromatisch; die voll ausgereiften roten Pfefferbeeren werden in Wasser eingeweicht, um die äußere Fruchtschicht zu entfernen; in getrockneter Form sind die Beeren weiß bzw. leicht grau.

Grüner Pfeffer

ist mild, mit frischem Aroma; die Beeren werden unreif geerntet, in Salzlake eingelegt, getrocknet oder gefriergetrocknet; grünen Pfeffer aus der Salzlake vor Verwendung mit Wasser abspülen; klassisches Gericht: das Pfeffersteak, mit zerdrückten Pfefferkörnern oder Körnern im Ganzen gewürzt.

Rosa Pfeffer

auch falscher Pfeffer genannt; rosa Pfeffer wird wegen seines Aussehens und seiner Schärfe als Pfeffer bezeichnet, im botanischen Sinne ist er jedoch kein echter Pfeffer, ist also kein Pfeffergewächs; er wird getrocknet, und beim Zerdrücken wird ein leicht scharf-süßliches Aroma frei.

Langpfeffer

Seine Schoten sehen aus wie Birkenkätzchen; in der Pfeffermühle entwickelt er ein Aroma von Balsam, Ingwer, Kardamom, Kakao, Leber und etwas Rauch – und natürlich Pfeffer; er wird auch gerne im Ganzen mitgekocht und ist eigentlich ein Allrounder!

Szechuanpfeffer (Anis-Pfeffer)

Die 5 mm großen Samenkapseln duften blumig und holzig nach Zitrus und Muskat; der süß-säuerliche Geschmack bewirkt auf der Zunge ein leichtes Prickeln, er kann die Zunge auch leicht betäuben; er ist nicht sehr scharf und wird gerne am Schluss zur Abrundung eines Gerichts eingesetzt.

Jamaikapfeffer (Piment genannt)

hat ein Aroma von Pfeffer, Zimt, Muskat und Nelken, er wird auch gerne für Süßspeisen verwendet.

Tasmanischer Bergpfeffer

Er ist eines der ungewöhnlichsten Pfeffergewächse und kommt tatsächlich von der vor Süd-Australien gelegenen Insel; seine blauschwarzen Kugeln riechen und schmecken nach Brombeeren oder Holunderbeeren, dazu kommt ein leichter Ton von Lorbeer; man kann ihn sehr gut als Ganzes mitkochen, dann färbt er die Speisen; harmoniert sehr gut mit Rot- und Portwein, eignet sich für Beeren-Chutneys, passt zu Steaks und wunderbar zu exotischem Fleisch (Strauß, Känguru etc.).

Roter Pfeffer

ist eine Rarität; die Zeit zwischen Reife und Ernte ist sehr kurz, besonders edle Sorten werden behutsam im Schatten getrocknet, um die Farbe zu schützen; schmeckt süßlich-scharf, seine Fruchtnoten erinnern an Kirsche und Hagebutten.

Tellicherry-Pfeffer

ist ein sehr guter schwarzer Pfeffer aus Süd-Indien; es handelt sich dabei um einen Spät-Lese-Pfeffer mit nussigem Aroma und ordentlicher Schärfe.

GROSSE STEAKKUNDE

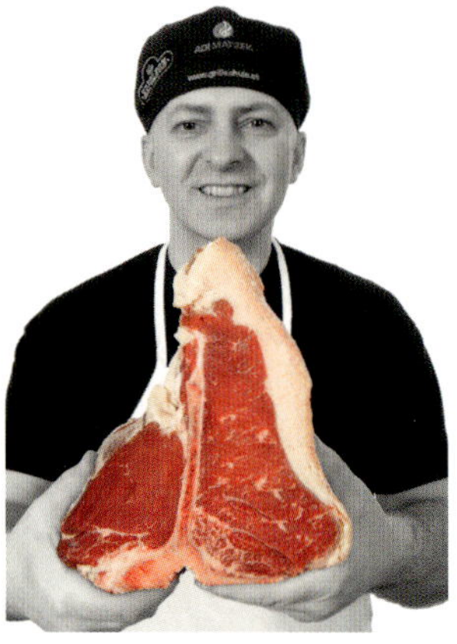

Da durch unsere Zubereitungsart, das Grillen, bei eher kurzer Zeit mit hoher Hitze gearbeitet wird, muss das Ausgangsprodukt, das Steakfleisch, von hoher Qualität sein. Diese alleine ist aber nur bedingt entscheidend, denn oft ist qualitativ hochwertiges Fleisch einfach dadurch nicht optimal beim Gast angekommen, weil es einfach zu frisch war. Daher ist das Thema Rindfleischreifung von großer Bedeutung für unsere Steakqualität. Weitere Kriterien für eine optimale Qualität bei Rindfleisch sind sicher die Rasse (Genetik), die Fleischkategorie, Herkunft, Aufzucht, Fütterung, Schlachtalter, Tiertransport, Schlachtvorgang, die Kühlung und die Zerlegung.

Allein diese simple Aufzählung zeigt, wie viele verschiedene Faktoren Einfluss auf die Qualität Ihres Steakfleisches haben. Da beim Thema Rindfleischqualität so viele Kriterien übergreifend eine Rolle spielen, ist es für den Konsumenten wichtig, beim Fleischkauf einem Fachmann vertrauen zu können. Der Fleischermeister Ihres Vertrauens wird sicher bemüht sein, Ihre Bedürfnisse zu befriedigen. Am besten gelingt ihm das, wenn Sie den Fleischkauf für einen perfekten Steakabend vom Grill rechtzeitig planen und Ihre Wünsche dementsprechend zeitig bei der Bestellung deponieren.

Für eine Premiumqualität bei Rindfleisch bedarf es jedoch eingewachsener „Qualitätsdepots" in Form von Fett, der Fachmann spricht hier von der Marmorierung bzw. Fleischmaserung. Diese Marmorierung wird als *intramuskuläres* Fett beschrieben und ist direkt in den Muskelfasern eingelagert. Das *intermuskuläre* Fett ist dagegen zwischen den Muskelpartien (Muskelsträngen) gelegen und grenzt diese außen ab.

Das außen aufliegende Fettgewebe bei einem Steak nennt man *subkutanes* (unter der Haut liegendes) Fettgewebe und ist in der Menge deutlich sichtbar. Da Fett ein Geschmacksträger ist, wird durchzogenes, marmoriertes Fleisch vollmundiger und auch buttriger schmecken. Das Steakfleisch verliert durch die Zubereitung am Grill Muskelwasser, die Fettäderchen schmelzen beim Garvorgang und sind maßgeblich für Geschmack, Zartheit und Saftigkeit verantwortlich.

Grillkollegen sowie Fleischexperten sind sich einig, dass die dunkleren Muskelteile geschmacklich wuchtiger, kräftiger ausgeprägt sind. Machen Sie doch einmal selbst eine Blindverkostung mit einem Rinderfiletsteak und einem Hüftsteak: Das Rinderfiletsteak wird zwar in der Zartheit Vorteile haben, aber geschmacklich kräftiger wird sich das Hüftsteak am Gaumen zeigen.

DIE RINDFLEISCH-REIFUNG

Die Reifung ist das absolut wichtigste Kriterium für die Steakfleischqualität. Bei Fleischteilen für Koch- und Siedefleisch sowie Schmorfleisch reichen generell einige wenige Tage Reifung für eine ansprechende Qualität aus. Bei Bratenteilen vom Rind sollten jedoch 10 bis 14 Tage Reifezeit eingehalten werden. Bei Steakteilen sollte die Reifezeit mindestens 21 Tage betragen. Wer ein Premium-Produkt erzeugen will, wird mindestens 28 Tage für die Reifung wählen.

Die Begriffe „Reifung" und „Abhängen" sagen dasselbe aus. Aber was versteht man darunter, was passiert dabei mit dem Rindfleisch?

Nach der Schlachtung des Rindes tritt die Totenstarre ein, diese wird ausgelöst durch Milchsäuregärung und die damit verbundene Milchsäurebildung sowie den Abbau von Adenosintriphosphat. Dabei sinkt der pH-Wert und bewegt sich in den sauren Bereich. In diesem Zustand ist das Rindfleisch zäh.

Durch fleischeigene Enzyme wird der pH-Wert wieder angehoben, Bakterien, und hier insbesondere Milchsäurebakterien, tragen zur weiteren Reifung bei. Das Bindegewebe der Muskulatur quillt und wird gelockert, da Eiweißenzyme aufbrechen und teilweise zu freien Aminosäuren abgebaut werden. Der Fachbegriff hiefür ist Autolyse.

Die Fleischreifung muss unter optimalen hygienischen Bedingungen bei gleichbleibenden Temperaturen von ca. 0 °C bis 3 °C stattfinden. Einige Studien belegen, dass der Prozess der Autolyse nach ca. 28 Tagen unter diesen Bedingungen abgeschlossen ist. Viele Spezialisten reifen Ihre veredelten Rindfleischteile dennoch weiter, obwohl ihnen bewusst ist, dass das Rindfleisch nicht mehr zarter wird. Diese Fachleute wissen, dass sich nach der Autolyse im geschmacksgebenden Bereich noch sehr viel an Qualität erzielen lässt und sind imstande, hier wirklich eigene Aromen und Geschmacksnuancen hervorzubringen. Sie kennen das als Konsument schon sehr gut von Käsespezialitäten, bei Fleisch ist Ihnen das bisher noch wenig nähergebracht worden.

1. Das Vakuumreifeverfahren

Die einzelnen Teilstücke werden nach der Zerlegung praktisch luftdicht bzw. mit einem Minimumanteil an Sauerstoff in einen Kunststoffbeutel gelegt, vakuumiert und verschweißt. Je nach Betrieb und Philosophie wird die Zerlegung 3 bis 7 Tage nach der Schlachtung vorgenommen. Es handelt sich um eine kontrollierte Einzelteilstücklagerung ohne Knochen, der Teilstückzuschnitt ist bereits präzise erfolgt. Die Lagertemperatur wird bei konstanten 0 °C bis 3 °C gehalten und dokumentiert.
Es können hier vom Hersteller verschieden lange Haltbarkeiten für den Endkonsumenten angegeben werden. Haltbarkeiten von bis zu 3 Monaten sind möglich, aber beim Vakuumreifeverfahren nicht üblich und auch nicht sinnvoll. Da ja nach ca. 1 Monat der Reifung das Rindfleisch an Mürbheit nicht mehr zunimmt, kann sich bei zu langer Lagerung im Vakuumbeutel der Rindfleischgeruch und -geschmack durch eher säuerliche und dumpfe Töne – ähnlich den unreinen Alterstönen beim Wein – unerwünscht bemerkbar machen. Dieses Risiko besteht insbesondere beim Anbieten von gereiftem Fleisch in den Kühltheken, die ja erfahrungsgemäß 4 °C und teilweise noch höhere Temperaturen aufweisen.
Von der gesamten Rindfleischmenge, die einer Reifung unterzogen wird, ist die Vakuumreifung das geläufigste und gängigste Reifeverfahren. Der Gewichtsverlust liegt im Schnitt bei 5–8 %.

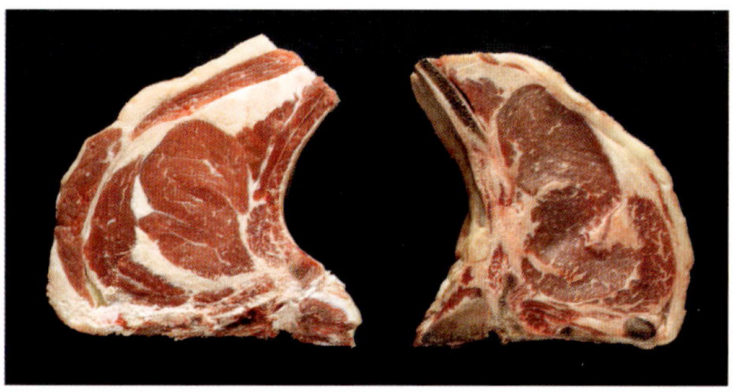

Links ein frisches, rechts ein vakuumgereiftes Steak

2. Das Dry-Aging-Reifeverfahren

Dieses Verfahren ist die traditionelle Reifemethode unserer Großväter, die aufgrund der damaligen technischen Möglichkeiten gar keine andere Methode zum Reifen hatten.
Natürlich ist es begrüßenswert, wenn Erzeuger und Konsumenten wieder die Qualität in der Langsamkeit und Ruhe der althergebrachten Trockenreifemethode suchen und finden können. Heute werden nur die Edelteile mit Knochen dafür verwendet, dabei handelt es sich üblicherweise um den Rückenbereich des Rindes, im Fachbegriff um „den Englischen", mit den Fleischteilen Rostbraten (Hohe Rippe, Ribeye), Beiried (Roastbeef, Striploin) und dem Lungenbraten (Filet, Tenderloin).

Dry Aged Beef in verschiedenen Reifestadien

Dieses Dry-Aging-Beef wird nach der Reifung vom Knochen gelöst und dann meist in einer Vakuumverpackung verkaufsfertig angeboten.
Die Temperatur beim Dry-Aging-Verfahren liegt in den eigens dafür errichteten Reifekammern wiederum bei ca. 0 °C bis 3 °C , allerdings kommt als wichtiges Kriterium die Luftfeuchte hinzu; sie liegt in der Regel bei den meisten Produzenten zwischen 80 und 85 % relativer Luftfeuchte, kann aber fallweise bis 65 °C abgesenkt werden.
Bei einer Reifezeit von bis zu 30 Tagen werden dem Rindfleisch ca. 20 bis 25 % Wasser entzogen. Durch diesen kontrollierten Wasserentzug bekommt das Dry-Aging-Rindfleisch einen intensiveren Geschmack.
Eine weitere Tatsache sei hier ebenfalls erwähnt: Dry-Aging-Fleisch zeichnet sich zwar durch seine geschmackliche Intensität aus, durch den Wasserverlust von 20 % bis 25 % bekommt es aber auch eine etwas festere Konsistenz und hat zudem einen geringfügig festeren Biss.
Der europäische Markt setzt auf eine weichere Struktur und bevorzugt diese, der amerikanische Markt setzt auf Wuchtigkeit im Geschmack, bei den US-Rindfleischkennern darf der Biss ruhig etwas kräftiger sein, das erklärt sicher auch, warum die Amerikaner wesentlich mehr verschiedene Fleischstücke als grillfähig erachten als wir in Europa.

3. Die Ölreifung

Die Fleischstücke werden in einem Behälter eingelegt und mit Öl übergossen, dadurch entsteht ein Luftabschluss und die aeroben Keime werden abgehalten. Eine gute Hygienepraxis ist Grundvoraussetzung; für den Konsumenten bietet sich eine ideale Möglichkeit, bei der Reifung selbst Hand anzulegen. Die Temperatur sollte bei 0 °C bis 3 °C gehalten werden, was aber in normalen Haushaltskühlschränken eher nicht möglich ist, diese haben zumeist 7 °C und darüber. Durch die höheren Temperaturen kommt es zu einer schnelleren Reifung, die Reifezeiten sollten daher nicht überlange gewählt werden, da es sonst zu geschmacklichen Beeinträchtigungen kommen kann. Mit der Zugabe von Kräutern können aber sehr reizvolle Geschmacksnoten bei eher kürzerer Reifezeit erzielt werden.

TEMPERATUR UND GARGRAD VON STEAKS

45 °C–49 °C	very rare kühler roher Kern		
50 °C–54 °C	rare warmer roter Kern		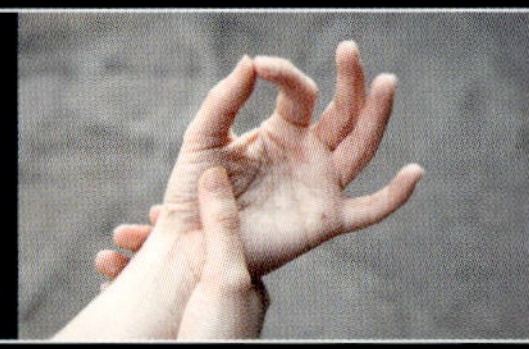
55 °C–59 °C	rare medium hellroter weicher Kern	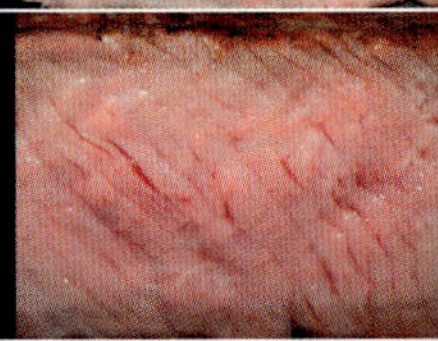	
60 °C–64 °C	medium zartrosa mittelweicher Kern	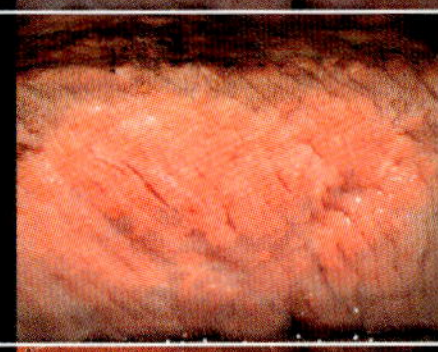	
65 °C–69 °C	medium well leicht rosa grauer fester Kern		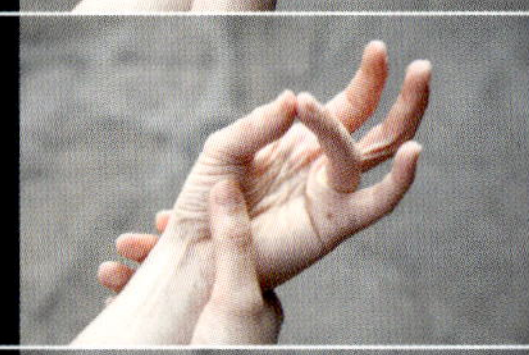
72 °C–85 °C	well done grauer fester Kern für Steaks unbrauchbar	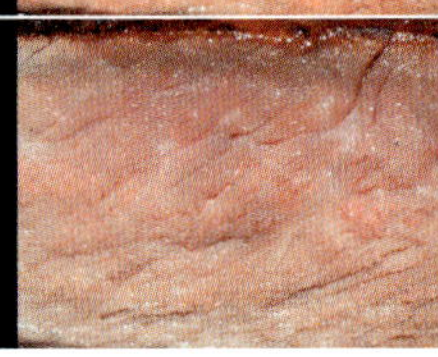	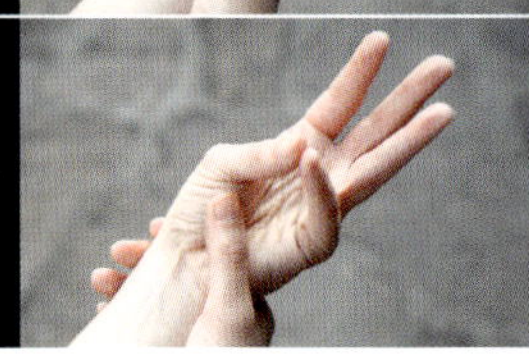

Rindfleisch wurde generell von vielen Menschen als eher nicht „grillfähig" eingestuft, verursacht durch zu lange Garzeiten, wurde das Fleisch aufgrund des hohen Wasserverlustes hart und zäh. Die Grillgeneration von heute ist wesentlich aufgeklärter und trägt hierzulande zu einem wahren Steakboom bei.
Durch die bekömmlichste Fleischzubereitung, das Grillen, werden sensationelle Geschmacksstoffe gebildet und gleichzeitig werden wertvolle Inhaltsstoffe im Fleisch erhalten, ja man könnte sagen „versiegelt" und durch die Erwärmung in einen sehr gut verwertbaren Zustand für unseren Körper gebracht.
Den gewünschten Gargrad eines Steaks exakt zu treffen, ist die Kunst des Grillmeisters und erfordert sehr viel Übung. Es gibt Kollegen, die mittels Finger-Drück-Probe bereits wissen, ob das Steak die für sie passende Kerntemperatur erreicht hat. Wer auf Nummer sicher gehen möchte, nutzt ein Stichthermometer und kontrolliert den Gargrad.

Wichtig erscheint mir, darauf hinzuweisen, dass ein mit 2 cm geschnittenes dünnes Steak bereits vor dem passenden Gargrad vom heißen Grill genommen werden sollte, da die Kerntemperatur desselben in der Rastphase in eine Aluminiumgrillfolie gewickelt noch bis zu 8 °C ansteigen kann. Wer sehr große und hohe Steaks grillt und diese in einer indirekten kühleren Zone am Grill nachgaren lässt, der wird nur 2 bis 3 °C Anstieg zu erwarten haben.

Obige Tabelle ist eine Gargrad-Endtemperaturempfehlung, also planen Sie für die jeweilige Grilltechnik, die Sie wählen, einen Anstieg der Temperatur in der Rastphase ein.
Der erste Wert der Tabelle ist der aussagekräftigere Wert zum passenden Gargrad.

„MASTERPIECES" VON ADI MATZEK

DIE STEAKTEILEKUNDE

Die Edelteilstücke der Steaks

Der Englische (Rinderrücken) mit den eingewachsenen Knochen:
Aus der Rückenmuskulatur des Rindes (= **„Englischer“**) werden die bekanntesten und edelsten Steakteile gewonnen. Man spricht auch vom Schnitt (Cut), der dem jeweiligen Teilstück dann die Form und den Namen gibt. Dieser Fleischteil wiegt im Ganzen mit Knochen ca. 20 bis 25 kg. Der Rostbratenteil mit Knochen wird auch als Hohe Rippe im Ganzen, Prime Rib, Ribeye Roast oder Chuck Back Rip bezeichnet. Dieser Teil macht etwa ein Viertel des Stückes vom Gewicht aus. Ein weiteres Viertel macht der Club-Steak-Anteil aus. Der Teil, in dem das Filet eingewachsen ist und aus dem das T-Bone- und Porterhouse-Steak herausgeschnitten wird, macht ca. die verbleibende andere Hälfte des Gewichts vom Englischen aus; dieser Teil im Ganzen wird auch Short Loin genannt.

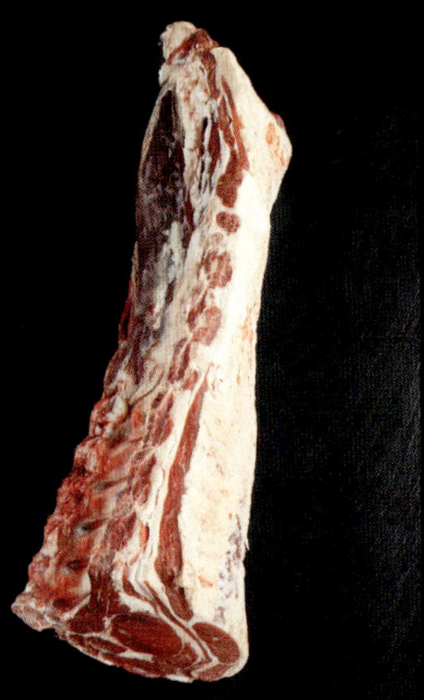

13 Rippen hat das Rind insgesamt, zumeist wird zwischen der 6. und 7. Rippe oder fallweise auch zwischen der 5. und 6. Rippe das Vordere vom Hinteren getrennt, die ersten 6 Rippen werden daher dem Vorderen Viertel zugeordnet. Die Rippen 7 bis 10 werden dem Rib-Eye-Steak zugeordnet und die Rippen 11 bis 13 bilden klassischerweise den Club-Steak-Anteil. T-Bone- und Porterhouse-Steak haben keine Rippenbögen; sie weisen die bekannte „T-Form“ der Wirbelknochen auf. Werden die Knochen beim Englischen entfernt, so werden die Fleischteile folgendermaßen benannt:
Lungenbraten (Filet, Tenderloin),
Rostbraten (Hohe Rippe, Ribeye),
Rieddeckel (Ribeye Cap),
Beiried (Roastbeef, Striploin).

1. Lungenbraten, Filet, Tenderloin

Das Filet wird unterteilt in **Filetspitze, Filetmittelstück** und den **Filetkopf**.
Filet Mignon: Filetscheiben, 1 bis 2 cm Dicke aus dem schmalen Teil des Filets, 40 bis 80 g
Beefsteak: Filetscheiben, fingerdick geschnittene Scheibe, 120 g, 160 g, 240 g (Lady's Cut)
Filetsteak: Filetscheiben, vom großen Filetteil, mindestens 2 bis 5 cm dick, 150 bis 300 g
Tournedos: Filetscheiben, 2 cm, 80–100 g
Chateaubriand: 8 bis 10 cm, 600 bis 800 g

2. Beiried, Roastbeef, Striploin, Lendenbraten, Lende

Handelsüblich wird das Beiried im Ganzen ohne Knochen angeboten.

2.a Rumpsteak, Beiried geschnitten ohne Knochen ca. 160 bis 300 g, NY Strip Steak, Kansas Steak

2.b T-Bone-Steak 600 bis 800 g:

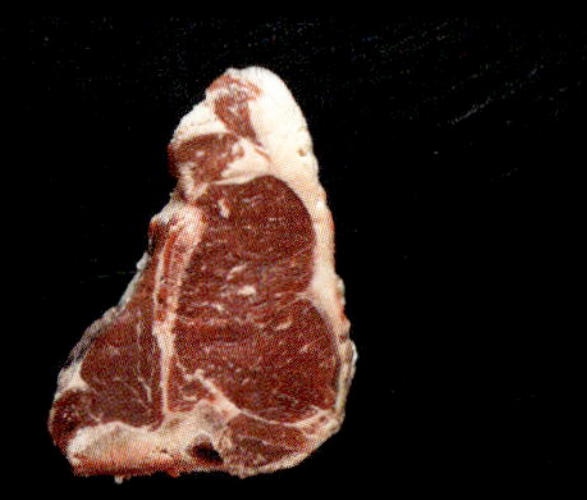

Beiried (Roastbeef) mit Knochen in Scheiben geschnitten; beim T-Bone-Steak ist ein kleiner Teil des Lungenbratens dabei.

2.c Porterhouse-Steak
750 bis 900 g:

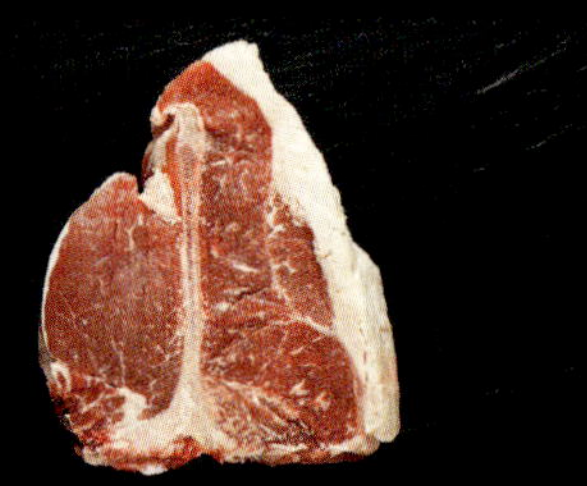

Beiried (Roastbeef), das Endstück mit Knochen in Scheiben geschnitten; das Porterhouse-Steak weist einen größeren Anteil vom Lungenbraten auf. Berühmtes Gericht vom Grill aus dem Porterhouse-Steak: Bistecca alla fiorentina.

3. Rostbraten, Hohe Rippe, Ribeye

Zumeist wird der Rostbraten ohne Knochen im ganzen Stück angeboten.

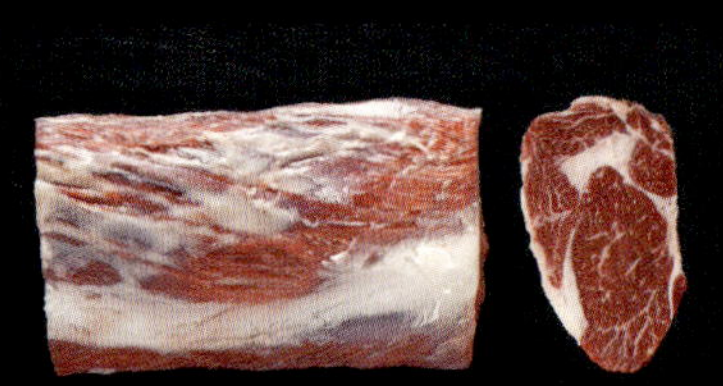

Ohne Knochen geschnitten, werden das klassische **Entrecôte** 400 g und das **Entrecôte Double** 800 g aus dem Rostbraten **(Hohe Rippe, Ribeye)** gewonnen.

3.a **Rib-Eye-Roast, Prime-Rib-Steak** oder **Chuck Back Rip**

Rostbraten mit Knochen im Ganzen, Hohe Rippe im Ganzen
Die aus den USA übernommene Bezeichnung Prime-Rib-Steak wird häufig falsch als ein Steak aus dem Bereich der ersten Rippe beschrieben. Tatsächlich stammt dieser Steakzuschnitt aus dem Bereich des sechsten bis neunten Brustwirbels und ist somit weitgehend identisch mit dem Rib-Eye-Steak. Der Begriff „Prime" leitet sich von den Qualitätsstandards des amerikanischen Landwirtschaftsministeriums (USDA) ab, die sich u. a. auf den Marmorierungsgrad, also den intramuskulären Fettanteil und somit auf die „Saftigkeit" des Fleisches beziehen. Die Qualitätsstufe „Prime" kennzeichnet dabei Fleisch mit einem intramuskulären Fettanteil von mindestens 11 %.

3.b **Rib-Eye-Steak**

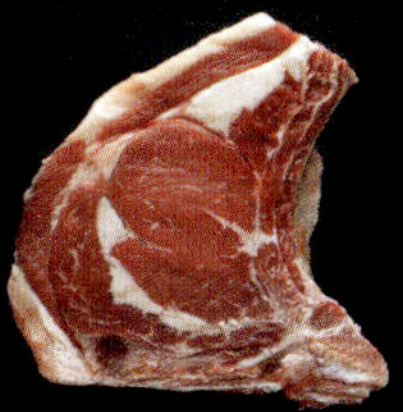

Rostbraten mit Knochen in Scheiben geschnitten, ca. 700 g.
Das Rib-Eye-Steak wird ca. von der 7. bis zur 10. Rippe geschnitten.

3.c **Tomahawk-Steak**

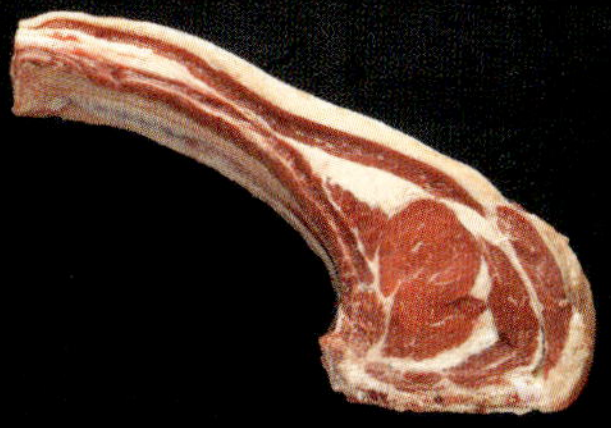

Rostbraten (Hohe Rippe) mit Knochen inklusive dem lang geschnittenen Rippenbogen in Scheiben geschnitten. Die Form des erhaltenen Stückes ist namensgebend, das Gewicht liegt zwischen 1500 und 2000 g, also ein echtes Grillhighlight für mehrere Personen.

3.d **Rostbratenkrone, Rib of Beef, Côte de bœuf** (franz.)

Dieser attraktive Zuschnitt wird durch das Entfernen des Wirbelsäulenknochens bis zum Rippenansatz erzielt. Die oberen Rippen werden freigelegt und zupariert, sodass nur der Kern des Rostbratens übrigbleibt. Auf den Punkt rare medium gegrillt, erhalten Sie ein herzhaftes Gourmetstück der Extraklasse.

4. **Hinteres Ausgelöstes, Fehlrippe, Rip**

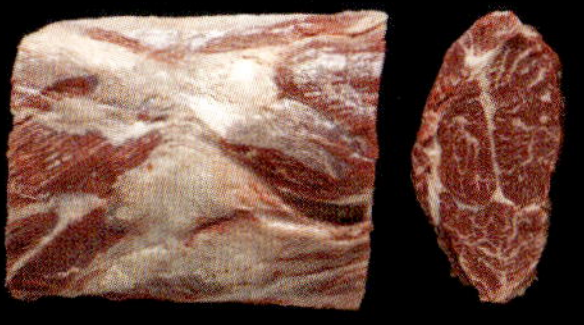

Alleine im österreichischen Sprachgebrauch hat das Hintere Ausgelöste viele regionale Bezeichnungen, sie reichen vom oberösterreichischen „Gab" über das Wiener „Federl" bis zum Kärntner „Ausbruch".

Aus der altösterreichischen Rindfleischküche ist der Begriff „Kruspelspitz" sicher noch in Erinnerung, das Hintere Ausgelöste ist die „Rose" (der Innenteil) vom Kruspelspitz.

Von vorne grenzt das Hintere Ausgelöste am Rinderhals (Nacken, Chuck) an, nach hinten verlaufend grenzt es an den Rostbraten (Hohe Rippe, Rib-Eye) an, es hat sowohl einen hohen intramuskulären als auch intermuskulären Fettanteil und eignet sich hervorragend als ganzes Bratenstück. Als Steak ist es etwas schwieriger zuzubereiten, weil sich hier drei unterschiedliche Muskelbündel durch die angrenzenden Fleischteile treffen und es dadurch sehr locker vom Gewebe ist und leicht zerfällt.
Bei der Grobzerlegung, dem Abvierteln zwischen 5. und 6. bzw. 6. und 7. Rippenbogen, erhält man ein schönes Hinteres Ausgelöstes, in manchen Ländern wird ein Teil des Hinteren Ausgelösten mit Knochen noch als Rib-Eye-Steak geschnitten.

5. **Club-Steak**

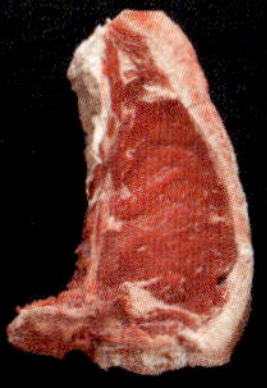

Dieses Steak wird am Übergang vom Rostbraten (Hohe Rippe, Rib-Eye) und Beiried (Roastbeef, Striploin) mit Knochen geschnitten; vom Lungenbraten befindet sich bei diesem Schnitt höchstens nur noch ein wenig von der Spitze dabei.
Das Club-Steak wird üblicherweise vom 11. bis 13. Rippenbogen geschnitten.

6. Hüferscherzl, Steakhüfte, Sirloin

Der Hüftdeckel wird abgenommen und das Hüferscherzl wird von jeglichem Fett und Bindegewebsteilen befreit, somit ergibt sich ein sehr schönes Steakfleisch, das von der Rückenmuskulatur des Rindes die Fortsetzung von der Beiried (Roastbeef, Striploin) in den Knöpfelbereich zu den Hinteren Gustoteilen darstellt.

6.a Hüftzapfen, Schmale Hüfte, Hüftfilet, Sirloin-Filet, daraus geschnitten die **Hüftsteaks** bzw. **Sirloin-Filet-Steaks** 150 bis 200 g

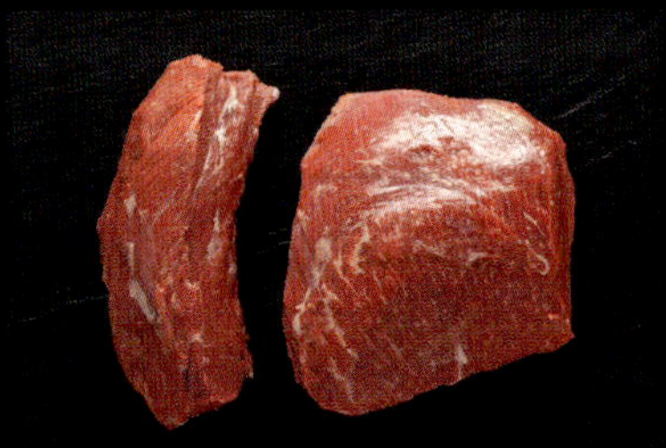

6.b Hüferscherzl, Dicke Hüfte, Top Sirloin butt: daraus geschnitten die **Hüftsteaks, Sirloin-Steaks** 200 bis 300 g

Hüftdeckel (ohne Bild): daraus geschnitten **Sirloin Cap Steak** 200 bis 300 g

Zu Steaks veredelte Siedefleischstücke

7. Tafelspitz: Hüftdeckel, Cap of rump, Top Butt Cap, Sirloin-Cap-Steak, Picanha

Der Tafelspitz hat seine Hochblüte in der Wiener Küche gefunden, aber Grillfreunde schrecken ja bekanntlich vor nichts zurück: Der Tafelspitz lässt sich auch hervorragend im Ganzen am Grill zubereiten. Es empfiehlt sich dabei, die Fettauflage einzuschneiden und knusprig anzugrillen und indirekt zu vollenden. Die Garstufe sollte rare medium gewählt werden; da der Tafelspitz keine gleichmäßige Dicke aufweist, ergeben sich verschiedene Garstufen.

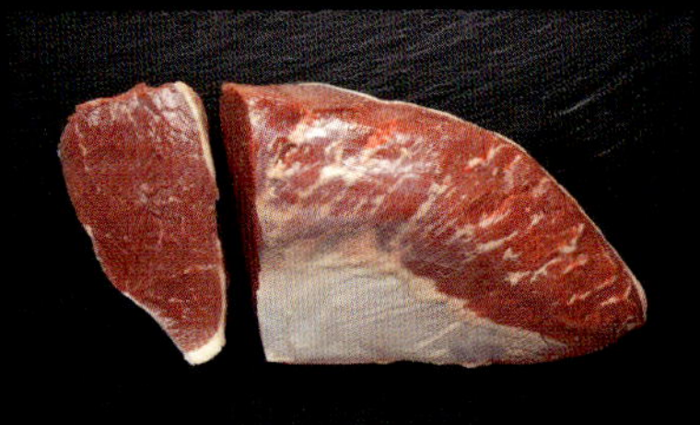

Typische Steakschnitte werden mit 200 bis 300 g gewählt und ebenfalls rare medium zubereitet; in den US-Steakhäusern spricht man vom Sirloin-Cap-Steak.

8. Hüferschwanzel, Bürgermeisterstück, Pastorenfleisch, Tri-tip

Kann im Ganzen zubereitet werden, empfehlenswert ist hier die Garstufe rare medium; das Hüferschwanzel sollte dünn aufgeschnitten serviert werden.

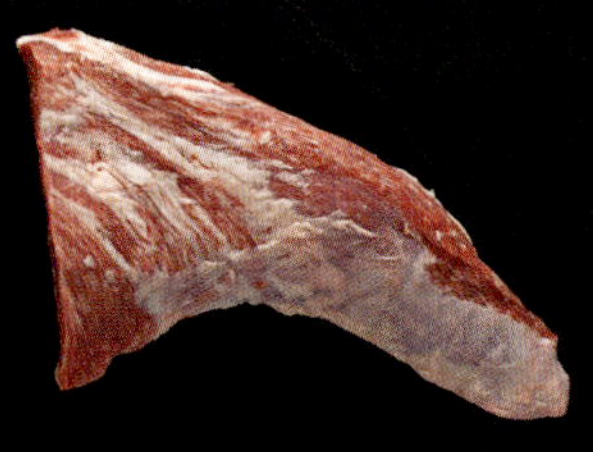

Steaks vom Hüferschwanzel, Steaks vom Bürgermeisterstück, Tri-tip-Steak ca. 80 bis 120 g

9. Schulterscherzl, Schaufelstück, Schild, Flat-Iron-Steak, Top blade roast

Das Schulterscherzl gehört rundherum bestens zupariert; es besteht aus zwei Muskeln, dazwischen liegt eine Sehne, wenn diese entfernt wird, erhält man zwei schmale Fleischteile in Form eines flachen Bügeleisens, daher die Bezeichnung Flat-Iron-Steak.

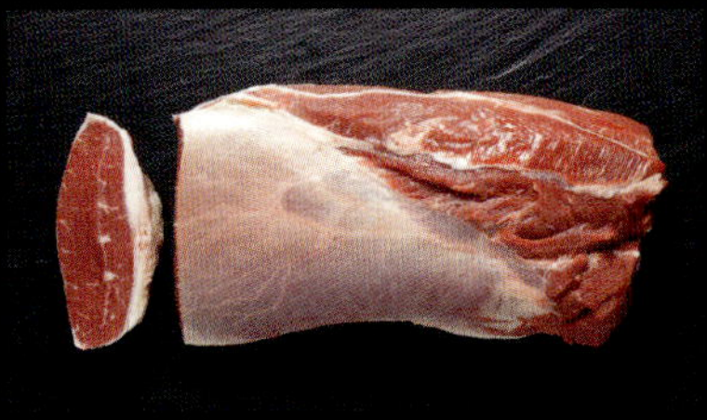

Schulterscherzl, Schaufelstücksteak, Flat-Iron-Steak
150 bis 250 g

10. Flaches Filet, Metzgerstück, Teres Major

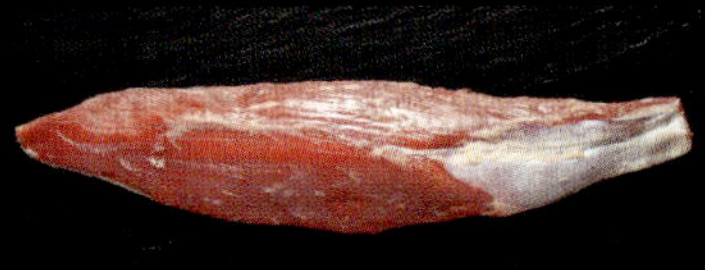

Dieser eher unbekannte Muskel ist ein Teil von der dicken Schulter (dem dicken Bugstück) und liegt neben dem Kavalierspitz, er wird auch Meisterstück, flaches Filet oder Petite Tender genannt. Da es ein sehr kleiner Muskel ist, wird er oft nicht zupariert und hat keine große Bedeutung im Steakbereich; dadurch ergeben sich auch die vielen unterschiedlichen Bezeichnungen. Die Herkunft der Namen „Metzgerstück" oder „Meisterstück" wird folgendermaßen erklärt: Der Metzger (Fleischer), der die Schulter ausbeinte, legte dieses kleine magere Teilstück immer für sich selbst zur Seite und so gelangte dieses nicht in den Verkauf.
Die beste Zubereitung: entweder als kurz gebratenes Filet im Ganzen oder als kleine Medaillons.

Zu Steaks veredelte Schmor- und Kochfleischstücke

11. Rinderlappen, Hose, Flank-Steak, Große Bavette

Aus dem hinteren Rinderlappen wird das **Flank-Steak** herausgeschnitten, normalerweise war es in Österreich nur ein Faschierfleisch, aber rare medium gegrillt eignet sich dieses magere, aber im Geschmack kräftige Fleischstück dünn aufgeschnitten hervorragend für Rindfleischliebhaber. Ein weiterer, kleinerer Muskel liegt gleich neben dem Flank-Steak am hinteren Rinderlappen, das **Flap-Steak,** auch **Kleine Bavette** oder **Bavette d'Aloyau** genannt. Es hat ebenfalls eine flache Form, ist aber im Gegensatz zum mageren Flank-Steak stark marmoriert und sehr saftig.

12. Kronfleisch, Saumfleisch, Skirt-Steak, Thin Skirt

Es gibt ein Outside Skirt und ein Inside Skirt. Es ist ein dünnes, flaches, längliches Stück, das eine gute Marmorierung aufweist. Nur kurz rare medium gegrillt und dünn aufgeschnitten, bietet es einen sehr geschmacksintensiven Rindfleischgenuss.

13. Herzzapfen, Nierenzapfen, Hanging Tender, Onglet

Der Herzzapfen liegt in der Brusthöhle zwischen den beiden Nieren. Der Herzzapfen wird am besten im

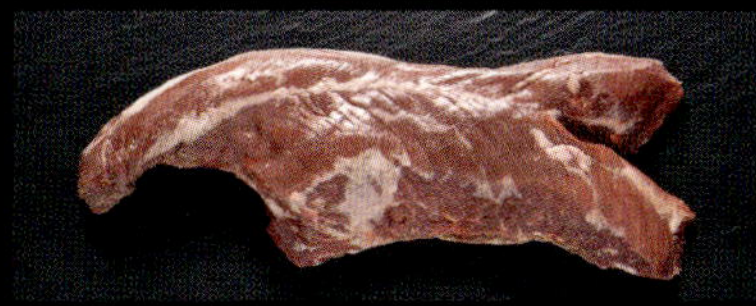

Ganzen rare medium zubereitet und danach in Scheiben geschnitten. Es ist vom Geschmack her das am kräftigsten und intensivsten nach Rind schmeckende Fleischstück. Es hat ein Gewicht von ca. 400 bis 550 g.

Abschließend sei gesagt, dass die Benennungen der Steakteile ausführlich recherchiert worden sind. Dennoch wird es immer wieder unterschiedliche Benennungen geben, zurückzuführen ist dies auf landesspezifische, regionsspezifische und branchenspezifische (Fleischerei versus Küche) Besonderheiten.
Ich bedanke mich bei allen fleischkompetenten Fachleuten, die mir quer durch Österreich und Deutschland beim Korrigieren meiner Daten geholfen haben, und wünsche Ihnen, liebe Leserinnen und Leser, mit dem Ergebnis meiner Arbeit viel Freude.
Gerne lade ich Sie auf ein Fleischzerlegungsseminar ein, das ich für Konsumenten entwickelt habe.
Die theoretische Erklärung mag noch so hervorragend sein – erst in natura ergibt sich die Möglichkeit des echten Erlebens und Begreifens der Steakteilekunde. Zerteilen Sie selbst unter fachmännischer Anleitung z. B. 20 kg Englischen zu Ihren persönlichen Steakedelteilen.

Es freut sich auf Sie
Ihr
Adi Matzek, Fleischermeister,
Fleischsommelier &
Grilldoppelweltmeister!

STEAK-REGELN

- **Schnittstärke nicht unter 2 cm, darüber sehr gerne**
- **Vor dem Grillen rechtzeitig aus dem Kühlschrank nehmen**
- **Heißer Griller, ca. 200 °C bis 300 °C**
- **Nur einmal wenden**
- **Keine Gabeleinstiche**
- **Nur Grillzange zum Wenden**
- **Bei sehr mächtigen Steaks ist eine indirekte Grillzone mit 120 °C bis 140 °C zum Weitergaren sehr hilfreich**
- **Nach dem Grillen „ruhen" lassen (Rastphase)**

RUBS

Der Rub ist eine Gewürzmischung, die ihre Wurzeln in der böhmischen Küche hat, die ja bekannt ist für ihren intensiven und vollen Geschmack. Wenn man alte Rezepte hernimmt, sieht man sehr schnell, dass die Leute früher ihre Gemüse geräuchert und anschließend getrocknet haben. Danach wurde das getrocknete Gemüse fein gemahlen, man mischte verschiedene Gemüsepulver zusammen und rieb dann damit das Fleisch ein oder verwendete es zum Kochen von Saucen. So erklärt sich auch die Geschichte, dass viele USA-Auswanderer diese geräucherten Gemüsepulver in Texas bekannt gemacht haben. Dort wurden und werden sie beim BBQ eingesetzt und sind bis heute fixer Bestandteil verschiedenster Rubs.
Probieren Sie es einmal aus, Ihr eigenes Gemüse zu räuchern, anschließend zu trocknen, danach fein zu mahlen und mit verschiedenen Gewürzen oder Kräutern zu mischen. Auf diese Weise kreieren Sie Ihren eigenen Rub, mit dem Sie dann Fleisch, Geflügel, Fisch oder Gemüse marinieren können oder den Sie als Basis für Saucen verwenden können. Der Fantasie sind keine Grenzen gesetzt!

Rinder-Rub

10 EL grobes Meersalz
10 EL Paprikapulver edelsüß
2 EL getrockneter Oregano/Thymian
geröstete getrocknete Zwiebel nach Wunsch
2 EL Knoblauchgranulat
2 EL gemahlener schwarzer Pfeffer
1 EL gemahlene Lorbeerblätter
1 EL Cayennepfeffer
23 EL brauner Zucker

Alle Zutaten miteinander vermischen und in einem luftdichten Behälter aufbewahren.

Adi-Rub

10 EL Rauchsalz (geräuchertes Meersalz)
2 EL Tellicherry-Pfeffer
2 EL Rohrzucker
1 EL Fenchelsamen
1 EL Bockshornklee
2 getrocknete Chilis

Alle Zutaten zusammen gut und fein mörsern und in einem luftdichten Gefäß aufbewahren.

Adis Fantasy-Rub

10 EL Himalaja-Salz
2 EL Selleriepulver
2 EL Paprikapulver
2 EL gemahlener Liebstöckel
Zeste von 10 Zitronen (getrocknet)
2 EL gemörserte Macis-Blüten
2 EL gemörserter weißer Pfeffer

Alle Zutaten vermischen und in eine luftdichte Dose geben.

Orientalischer Rub

10 EL Maldona-Salz
2 EL getrockneter Rosmarin
2 EL brauner Zucker
2 EL Kreuzkümmel
2 EL gemahlener Galgant
2 EL geräuchertes und getrocknetes Karottenpulver
2 EL gemörserter Urwald-Pfeffer
1 EL gemahlener Ingwer

Alle Zutaten vermischen und in eine luftdichte Dose geben.

Wild-Rub

10 EL grobes Meersalz
2 EL fein gemörserter Szechuanpfeffer
2 EL Selleriepulver
2 EL fein gemahlener Thymian
2 EL Rohrzucker
2 TL gemörserte Chiliflocken
2 EL getrocknete Petersilie
1 TL fein gemörserter Wacholder
2 EL gemörserte getrocknete Zwiebel

Alle Zutaten vermischen und in eine luftdichte Dose geben.

GEMÜSE EINMAL ANDERS – GESMOKT

MIT FEINEM AROMA UND FRUCHTIGINTENSIVEM EIGENGESCHMACK

Gesmoktes Gemüse bringt neuen Pep in die Grillküche!

Gesmoktes Gemüse ist sehr aromatisch – es gart im eigenen Saft. Wenn das Gemüse weich ist, nimmt man es von der Hitze, entfernt die verbrannten Stellen und kann es für viele köstliche Gerichte weiterverwenden, z. B. für Pürees, Brotaufstriche oder Dipsaucen.
Gesmoktes Gemüse ist ein vernachlässigter, aber spannender und vielseitiger Aspekt der Grillküche. Smoken bedeutet, dass bei wenig Hitze (90–100 °C) das Gemüse durch feinen Rauch, der sich um das Grillgut ausbreitet, gegart wird (Gemüse gart ab 86 °C). Dieser Garprozess dauert länger und kann mit verschiedenen Grillern erzielt werden. Grundsätzlich wird gesmoktes Gemüse auf einem klassischen Smoker – z. B. einem **Joe-Smoker** – zubereitet, man kann aber auch einen **Pellet-Smoker** verwenden. Beim **Wassersmoker** platziert man oberhalb der Hitzequelle eine große Schüssel mit Wasser, darauf wird dann der Grillrost gelegt, und so kann man auf zwei Etagen smoken – z. B. Gemüse und ein Schulterscherzel.
Aber auch in einem **Kugelgriller** kann man smoken. Dabei werden die eingeweichten Holzchips auf die Glut gelegt oder man schlägt die eingeweichten Chips in Alufolie und legt sie am Rand auf 2–3 Kohlestücke, um so das zarte Raucharoma zu erzeugen. Beim Kugelgriller kann man gesmoktes Gemüse „im Keller" produzieren, indem man das Gemüse direkt neben die Glut/Kohle legt.
Zum Smoken eignen sich verschiedene Holzarten, z. B. Apfel, Buche, Kirsche, Mesquite, Hickory oder Eiche.
Wenn man größere Mengen an Gemüse smokt, kann man daraus gesmokte Gemüsepasten auf Vorrat herstellen und eingefrieren. Diese Pasten eignen sich gut für Eintöpfe, Brotaufstriche, Saucen, Dipsaucen, Pürees, Cremesuppen, Sorbets, zum Würzen, Abschmecken etc.
Die Welt des gesmokten Gemüses ist unendlich, kaum jemand hat eine Vorstellung, wie vielseitig gesmoktes Gemüse verwendet werden kann. Dafür geeignet sind: Erdäpfel, Paprika, Zwiebeln, Knoblauch, Karotten, gelbe Rüben, Zucchini, Melanzani, Pfefferoni, Süßerdäpfel, Rote Rüben, Sellerie, aber auch Äpfel oder Birnen.

Hier ein Beispiel, wie man aus einer Gemüseart drei verschiedene Gerichte zaubern kann:
Gesmokte Süßerdäpfel von der Schale befreien und mit Chilischoten, etwas Olivenöl, Salz und Pfeffer zu einem Püree aufmixen und zu einem Steak servieren. Oder man verleiht mit einem Löffel Sauerrahm dem Püree eine etwas cremigere Konsistenz und dressiert es mit einem Spritzsack z. B. auf ein Brot. Gibt man Fruchtsaft (Orangensaft, mit Honig eingekocht) dazu und mixt die Süßerdäpfelmasse auf, kann man sie als Dip servieren.

Weitere Beispiele für gesmokte Kombinationen, die man je nach Konsistenz für vieles verwenden kann.
Die Zutaten immer fein zu einem Püree aufmixen:

Zwiebel-Basilikum-Püree

500 g gesmokte Zwiebeln
250 g frisch gezupftes, fein gehacktes Basilikum
Salz, Pfeffer
Prise Muskatnuss
100 g kalte Butter
1 TL brauner Zucker

Melanzani-Oliven-Püree

500 g gesmokte Melanzani
150 g schwarze oder grüne entkernte Oliven
100 ml Olivenöl
2 EL frisch gehackter Rosmarin
2 Knoblauchzehen
Salz, Pfeffer
Prise Zucker

Karotte-Curry-Safran-Püree

500 g gesmokte Karotten
1 TL Curry
1 Msp. gemahlener Ingwer
1 EL Honig
80 ml Olivenöl
Salz, Pfeffer
ein paar getrocknete Safranfäden

Rote-Rübe-Kren-Apfel-Püree

500 g gesmokte Rote Rüben
50 g frischer Kren
200 g fein geriebene Äpfel
Salz, Pfeffer
Prise brauner Zucker
100 g fein gehackte Petersilie
50 ml Olivenöl

BEIRIED AM ZEDERNHOLZBRETT GEGRILLT
CLUB-STEAK MIT GEMÜSE-FRITTATA
DOUBLE-TOMAHAWK-STEAK MIT GRÜNEM SPARGEL
UND CHILI-KOKOSBROT IM BLUMENTOPF
FILET MIGNON MIT MANGO UND GRAPEFRUIT
FILETSTEAK MIT PFEFFERRAHMSAUCE
FILETSPITZEN AUS DEM DUTCH OVEN
FILETSPITZEN AUS DEM WOK
FLACHES FILET (TERES-MAJOR-STEAK) AUF CIABATTA
FLACHSTEAK VON DER HÜFTE
FLANK-STEAK IN ASIA-MARINADE
FLANK-STEAK TRIFFT GEMÜSESUPPE
FLAT-IRON-STEAK MIT KÜRBIS-SCHAFKÄSE-BROT
FURNIERSTEAK MIT MANGOLD-GRIESS-ROULADEN
GEGRILLTES ENTRECÔTE DOUBLE MIT ZUCCHINI-REIS-TORTE
GEGRILLTES HÜFTSTEAK MIT GRÜNE-BOHNEN-ERDÄPFEL-GRÖSTL
RINDFLEISCH-BURGER (HACKSTEAK)
HANGING-TENDER-STEAK ODER HERZZAPFEN GEGRILLT
HERZZAPFENSTEAK MIT PARADEIS-TARTE UND ROMANASALAT
HINTERES AUSGELÖSTES MIT GESMOKTEM HERBSTGEMÜSE
OCHSENSCHLEPP-STEAK IM DUTCH OVEN
RIB-EYE AUS DEM WOK
RIB-EYE IM GANZEN GEGRILLT MIT GEROLLTEM FLADENBROT
RIB-EYE IM GANZEN GESMOKT MIT GESMOKTEN MELANZANI
RIB-EYE-STEAK XXL
RINDERFILETSTEAK GEFÜLLT MIT GEMÜSE
RINDERFILETSTEAK IM HEUBETT MIT SALZTEIGKRUSTE
RINDFLEISCHSALAT „EINMAL ANDERS“
GEGRILLTER ROSTBRATEN MIT CURRY-SPINAT
ROSTBRATENKRONE MIT ERDÄPFEL-GRATIN AUS DEM DUTCH OVEN
RUMPSTEAK AUF DEM SALZSTEIN GEGRILLT
SKIRT-STEAK AUF TRAMEZZINIBROT
SMOKER-TOMAHAWK-STEAK
STEAK-RÖLLCHEN VOM GRILL
STEAK-TOAST
T-BONE-STEAK MIT PAPRIKA-ZUCCHINI-GEMÜSE
T-BONE-STEAK MIT GEGRILLTEM WURZELKUCHEN
TOURNEDOS AM SPIESS GEGRILLT, SAUTIERTE PILZE
UND PILZSCHAUMSÜPPCHEN
TOURNEDOS MIT SÜSSERDÄPFELPÜREE
TXOGITXU-RIB-EYE IM MEERSALZMANTEL
TXOGITXU-RIB-EYE
WINZERSTEAK
GEGRILLTES KALBSMEDAILLON IM AROMAPACK
KALBSRÜCKENSTEAK MIT AVOCADO-TATAR UND POCHIERTEM EI
KALBSKOTELETT MIT SPINATAUFLAUF
GEGRILLTES VITELLO TONNATO

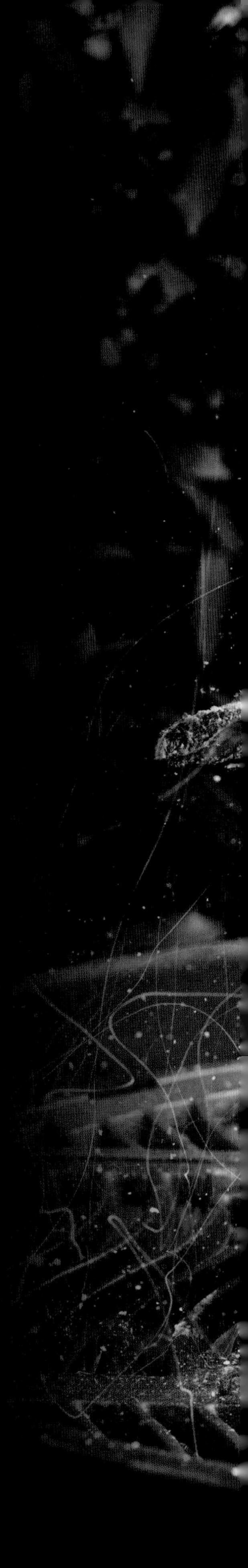

Rind & Kalb

BEIRIED AM ZEDERNHOLZBRETT GEGRILLT

Zutaten

4 Beiriedschnitten à 200 g,
aus der niederen Beiried geschnitten
grobes Meersalz, guter Pfeffer
frisch gehackter Thymian
etwas Butter oder Olivenöl

Equipment

2 Zedernholzbretter, mindestens 1/2 Stunde in Wasser eingeweicht

Zubereitung

- Die Beiriedschnitten mit grobem Meersalz und fein gehacktem Thymian einreiben, pfeffern etwas Butter oder Olivenöl daraufgeben. Eine Zedernholzplatte vorbereiten, die Beiried daraufgeben und das zweite Brett darauflegen und mit Draht rundum fixieren. Auf direktem Grill (Gas, Kohle) so lange grillen, bis das Zedernholzbrett zu glosen beginnt (ca. 5 Minuten), umdrehen und die zweite Seite auch ca. 5 Minuten glosen lassen; gewünschte Kerntemperatur: 56 °C (Kernthermometer).
- Achtung: Immer Wasser bereithalten (Sprühflasche, Wasserflasche) – sollte das Brett zu brennen beginnen, kann man es gleich löschen.
- Das Bretterpaket vom Grill nehmen, der wunderbare Zedernholzgeschmack ist vom Fleisch aufgenommen worden. Dann die Beiried einmal kurz scharf angrillen, damit sie ein schönes Grillmuster bekommt. Dazu Erdäpfelpizza servieren.

Grilltemperatur	**250 °C**
Kerntemperatur	**56 °C**
Grillzeit	**ca. 10 Minuten**
Grillmethode	**direkt angrillen, dann indirekt fertig grillen**
Bezugsquelle	**C+C Pfeiffer**

ERDÄPFELPIZZA

Zutaten für den Teig für 3 Pizzen

250 g glattes Mehl
250 g Hartweizenmehl
2 TL feines Meersalz
2 TL Trockenhefe
2 EL Raps- oder Olivenöl
350 g lauwarmes Wasser

Für den Belag

3 geachtelte Zwiebeln
2 fein gehackte Knoblauchzehen
2 EL fein gehackter Rosmarin
Raps- oder Olivenöl zum Beträufeln
200 g Käse (Mozzarella, Parmesan oder Ricotta)
200 g gekochte Erdäpfel,
in 2–3 mm starke Scheiben geschnitten
Chili und Schnittlauch zum Bestreuen

Zubereitung

- Alle Zutaten für den Teig vermischen und in einer Knetmaschine ca. 12 Minuten gut durchkneten lassen. Dabei ist es wichtig, dass der Teig beim Kneten seine Klebrigkeit verliert, denn so ist er beim Backen luftig und flaumiger. Dann den Teig vierteln, auf der bemehlten Arbeitsfläche schleifen und kurz rasten lassen. Anschließend die Zutaten für den Belag vorbereiten.
- Die Zwiebeln in Öl anschwitzen und ein paar Minuten weich dünsten, mit fein gehacktem Knoblauch und Rosmarin abschmecken. Die Pizzateige ausrollen und mit den Zwiebeln belegen. Erdäpfelscheiben auf den Pizzen verteilen und mit Käse Ihrer Wahl bestreuen. Auf den auf 250 °C vorgeheizten Pizzastein legen und ca. 8–12 Minuten backen. Fertig gebackene Pizzen mit fein gehacktem Chili und Schnittlauch bestreuen, mit Öl beträufeln und servieren. Mit viel Rucola garniert, ergibt das ein eigenes Gericht.
- Die Pizzen kann man auch mit Speckscheiben oder mit Zutaten nach eigenem Geschmack belegen.

CLUB-STEAK MIT GEMÜSE-FRITTATA

Zutaten

4 Club-Steaks
grobes Meersalz
guter Pfeffer Ihrer Wahl
Butter oder Olivenöl zum Beträufeln
frische Kräuter Ihrer Wahl zum Aromatisieren

Für die Gemüse-Frittata

400 g Gemüse Ihrer Wahl (Karotten, Brokkoli, Karfiol, gelbe Rüben, Romanesco, grüne Bohnen etc.)
200 g gekochte und gewürfelte Erdäpfel
100 g fein gehackte Jungzwiebeln
100 g fein geschnittener Schnittlauch
100 g fein gehackte Petersilie
6 Eier
4 EL Mascarpone oder Ziegenfrischkäse
Salz, Pfeffer, Muskatnuss
4 EL Oliven- oder Rapsöl

Equipment

Pfanne mit 38 cm Durchmesser

Zubereitung

- Die Steaks ca. 1/2 Stunde vor dem Grillen einsalzen, bei direkter Hitze pro Seite 2 Minuten lang angrillen und indirekt 8–10 Minuten fertig grillen. Sobald man das Steak in die indirekte Zone legt, mit Pfeffer, Kräutern und Ölen nach Geschmack marinieren, um ein individuelles Geschmackserlebnis zu erhalten und zu vermeiden, dass diese Zutaten während des Angrillens verbrennen und die ätherischen Öle dabei verloren gehen.
- Das Gemüse in kleine Würfel schneiden bzw. in kleine Röschen brechen, in einer Pfanne kurz trocken anrösten, damit das eigene Zuckerkaramell austritt. In eine Schüssel geben, mit den Erdäpfelwürfeln und Jungzwiebeln abmischen, Schnittlauch, Petersilie dazugeben, mit Salz, Pfeffer und Muskatnuss würzen. Eier versprudeln, mit Mascarpone glatt rühren und mit dem Olivenöl unter die Gemüse-Erdäpfel-Masse unterheben. Die Pfanne oder eine andere geeignete Form mit Backpapier auslegen und die Masse einfüllen. „Entkoppelt" indirekt bei 140–150 °C 35–40 Minuten grillen.

Tipp: Soll das Grillgut nicht zu starker Unterhitze ausgesetzt sein, kann man einen Ziegelstein auf den Rost legen und erst darauf Pfanne oder Pizzastein stellen. Diese werden so von der direkten Hitze „entkoppelt".

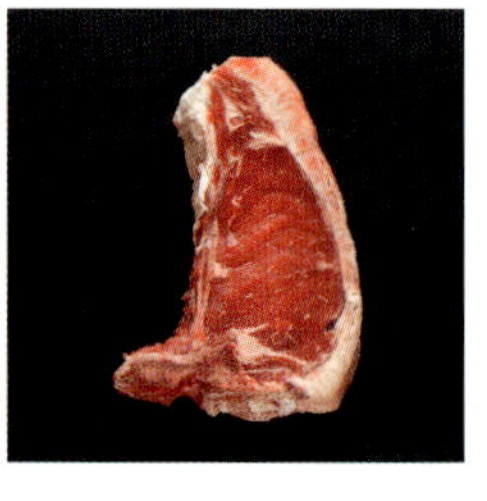

Grilltemperatur	**250–300 °C**
Grillzeit	**12–14 Minuten**
Grillmethode	**direkt und indirekt**
Bezugsquelle	**Wiesbauer Gourmet**

DOUBLE-TOMAHAWK-STEAK MIT GRÜNEM SPARGEL UND CHILI-KOKOSBROT IM BLUMENTOPF

Zutaten

1 Double-Tomahawk-Steak, ca. 2,4 kg
grobes Meersalz
guter Pfeffer Ihrer Wahl
200 g Adi-Rub
16 Stangen grüner Spargel

Für das Chili-Kokosbrot

30 g fein geriebener Parmesan
2 fein gehackte kleine Chili
1 fein gehackte rote Zwiebel
20 g Kokosflocken
180 g Weizen- oder Dinkelmehl
1 TL Meersalz
1 TL getrockneter Thymian oder Rosmarin
5 g Backpulver
220 ml Kokosmilch
50 ml lauwarmes Wasser, nach Bedarf

Equipment

8 Holzspieße, in Wasser eingeweicht

Zubereitung

- Steak fest einsalzen, ca. 20–30 Minuten einwirken lassen, Griller auf 250–300 °C vorheizen und je Seite 4 Minuten direkt angrillen. Steak durch Olivenöl ziehen, pfeffern und in Adi-Rub wälzen. Indirekt auflegen, auf 56 °C Kerntemperatur zugedeckt grillen (dauert bei dieser Stärke ca. 35–40 Minuten).
- Je 4 Spargelstangen mit je 2 Holzspießen fixieren (s. Bild) und indirekt grillen. Wenn der Spargel sich zu verfärben beginnt, vom Grill nehmen, mit Olivenöl und Meersalz marinieren und warm stellen.
- Mehl, Kokosflocken, Backpulver und Salz zu einem Häuflein vermischen und eine Mulde eindrücken, dann den Parmesan und den gehackten Chili mit der Kokosmilch vermengen, in die Mulde leeren und alles zu einem festen Teig verkneten. Der Teig darf nicht zu weich sein, da ansonsten das Brot nicht knusprig wird.
- Teig in kleine Förmchen geben oder in kleinen Portionen direkt auf den Pizzastein legen und bei 180 °C grillen. Dabei auf den Rost einen Ziegelstein legen und erst darauf den Pizzastein platzieren. In den kleinen Förmchen ca. 25 Minuten backen, bei größeren Formen entsprechend länger.

Tipp: Double Tomahawk in der Mitte einschneiden und als „Schmetterling Double Tomahawk“ servieren.

Grilltemperatur	250–300 °C
Kerntemperatur	56 °C
Grillzeit	43–48 Minuten
Grillmethode	direkt und indirekt
Land	Australien
Bezugsquelle	Wiesbauer Gourmet

FILET MIGNON MIT MANGO UND GRAPEFRUIT

Zutaten

8 Filets Mignon à 60–80 g, aus dem unteren Teil des Lungenbratens geschnitten
grobes Meersalz und guter Pfeffer Ihrer Wahl
2 reife Mangos
2 Grapefruits, in Filets geschnitten
Grapefruitsaft
etwas Weißwein
etwas Gemüsefond
etwas brauner Zucker
50 g kalte Butterwürfel

Zubereitung

- Filets mit Salz würzen, bei direkter Hitze bei 250 °C angrillen, vom Griller herunternehmen und auf die Seite stellen. Von den Mangos links und rechts die schönen dicken Backen herunterschneiden und würfelig einschneiden. Unbedingt reife Mangos nehmen, dann lässt sich das Fruchtfleisch leichter lösen und schmeckt wunderbar vollreif.
- Mangos indirekt ca. 20 Minuten grillen, dann mit einem Löffel Fruchtfleisch herausnehmen; in einer Gusseisenpfanne Zucker karamellisieren, die Grapefruitfilets dazugeben, kurz durchschwitzen, aufpassen, dass sie nicht schwarz werden. Danach mit Grapefruitsaft ablöschen, mit etwas Weißwein und Gemüsefond ergänzen, damit der Saft nicht zu bitter und zu stark einreduziert wird. Kurz aufkochen, Mangowürfel dazugeben, mit Salz, Pfeffer abschmecken und kurz köcheln lassen.
- Die angegrillten Filets Mignon (56 °C rare medium) in die Mitte der Pfanne legen, kurz durchschwenken, 2 Butterwürfel dazugeben und durchrühren, damit der Zuckerkaramellsaft Glanz bekommt, und mit einem Wildkräutersalat servieren.

Tipp: Das Filet Mignon in der Gusseisenpfanne im Griller durchziehen lassen.

Grilltemperatur	**250 °C**
Grillzeit	**ca. 2 Minuten**
Grillmethode	**direkt pro Seite je 1 Minute angrillen**
Land	**USA**
Bezugsquelle	**C+C Pfeiffer**

FILETSTEAK MIT PFEFFERRAHMSAUCE

Zutaten

4 Filetsteaks à 300 g
grobes Meersalz
guter Pfeffer Ihrer Wahl
frisch gehackter Thymian
4 große Butterflocken
100 g fein gehackte Zwiebeln
100 g fein gehackte Champignons
100 g fein gehackte Jungzwiebeln
2 EL grüner Pfeffer aus der Lake
Salz
1 Msp. Senf
100 ml Obers
100 ml Gemüsefond
100 ml Cognac

Equipment

Bindfaden (um das Steak in die Form zu bringen)

Zubereitung

- Steaks mit Meersalz würzen und direkt angrillen (ein richtiges Steak sollte mindestens 3–4 cm hoch sein; als Faustregel gilt: pro cm 1 Minute Angrillzeit). Anschließend das Steak indirekt fertig grillen oder in Alufolie einschlagen und mit Pfeffer, Thymian und Butter belegen und am Rand rasten lassen.
- Die Zwiebeln und Champignons in einer Gusseisenpfanne auf dem Grill oder auf dem Seitenbrenner anschwitzen, mit Salz und grünen Pfefferkörnern würzen, mit Gemüsefond ablöschen und kurz aufkochen lassen. Obers und Senf dazugeben, abschmecken, aufkochen lassen, bis die Sauce sämig wird, Jungzwiebeln dazugeben und mit Cognac abschmecken.
- Die Steaks vom Grill nehmen und mit der Pfefferrahmsauce servieren.

Tipp: Damit das Steak die Form behält, in der Mitte mit einem Bindfaden zusammenbinden; unter den Bindfaden kann auch eine Scheibe Frühstücksspeck gegeben werden.

Grilltemperatur	250–300 °C
Grillzeit	12 Minuten
Grillmethode	pro Seite 4 Minuten direkt angrillen, indirekt oder in der Folie fertig garen
Bezugsquelle	C+C Pfeiffer

FILETSPITZEN AUS DEM DUTCH OVEN

Zutaten

600 g Rinderfiletspitzen
1 mittelgroße Zwiebel
8 Cornichons
200 g Champignons
50 g Speck
2 EL Öl
Salz, schwarzer Pfeffer
150 g Crème fraîche
1 TL gekörnter Senf
Rinderfond

Equipment

AZK App (Metallkreuz)

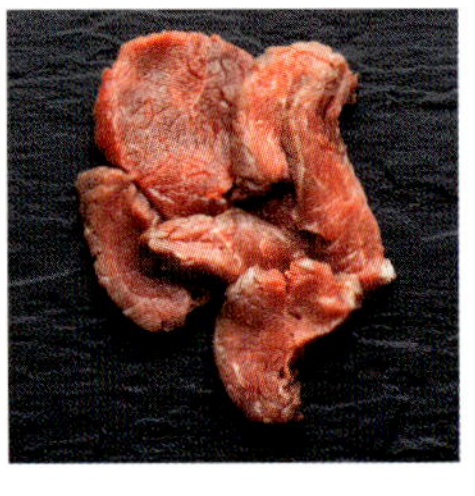

Zubereitung

- Die Rinderfiletspitzen in dünne Streifen schneiden.
- Das Gemüse putzen und ebenso wie den Speck in Streifen schneiden.
- Anzündkamin mit Holzkohlebriketts entzünden. Wenn die Kohle etwa halb durchgeglüht ist, ein sogenanntes AZK App auf den Anzündkamin legen und den Dutch-Oven-Deckel verkehrt darauf platzieren, um ihn als Pfanne zu verwenden. Etwas Öl darin erhitzen und die Rinderfiletspitzen scharf anbraten, salzen und pfeffern und zur Seite stellen.
- Wie gewohnt die fertig durchgeglühten Briketts (20–24 Stück) unter dem Dutch Oven platzieren und diesen erhitzen. Darin Zwiebel und Speck anbraten, danach Champignons und zum Schluss die Cornichons zugeben. Crème fraîche und Senf einrühren und mit etwas Fond aufgießen. Einmal gut erhitzen lassen und gegebenenfalls mit Salz und Pfeffer abschmecken.
- Die Rinderfiletspitzen und den angesammelten Saft aus dem Dutch-Oven-Deckel beigeben, nur mehr kurz ziehen lassen und servieren.

Tipp: Mit dieser Methode kann bereits die beim Anzündvorgang entstehende Hitze wunderbar genutzt werden.

Grilltemperatur	**hoch**
Grillzeit	**ca. 15 Minuten**
Grillmethode	**Dutch Oven mit AZK App (Zusatzmetallkreuz)**

FILETSPITZEN AUS DEM WOK

Zutaten

600 g Filetspitzen vom Rindslungenbraten, in feine Streifen geschnitten
100 g Karotten
100 g Zucchini
100 g Zuckererbsenschoten
100 g rote Zwiebeln
100 g frisch gehackte Petersilie
100 g frischer Koriander
2 EL fein gehackter Ingwer
1 Msp. fein gehackter Chili
100 ml Sesamöl
1 EL Sojasauce
100 ml Gemüsefond, Salz, Pfeffer
Prise Zucker

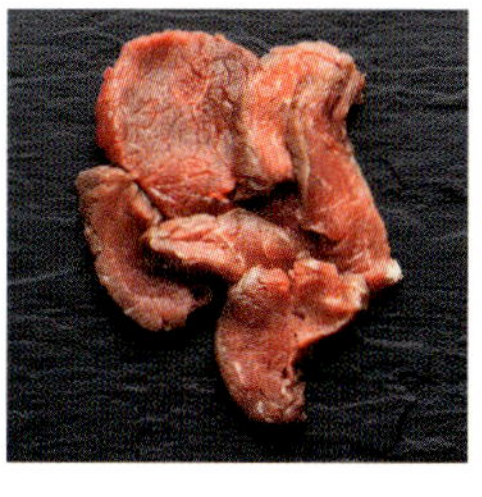

Zubereitung

- Die geschälten Karotten und Zucchini halbieren und schräg in feine Streifen schneiden, die geschälten Zwiebeln achteln und auseinanderdrücken.
- Eine Wok-Pfanne auf den heißen Grill oder auf die Kohle stellen, die Hälfte des Sesamöls hineingeben, das geschnittene blättrige Fleisch in kleinen Portionen rasch durchsautieren, damit das Fleisch keine Flüssigkeit verliert, danach gleich nachdem es kurz Farbe genommen hat herausgeben.
- Die Karotten und Zwiebeln mit dem restlichen Sesamöl kurz durchrösten, die Erbsenschoten und Zucchini beigeben und noch kurz rösten.
- Chili und Ingwer dazugeben, mit Salz, Pfeffer und einer Prise Zucker würzen, mit der Sojasauce beträufeln und mit dem Gemüsefond immer wieder kurz untergießen, dabei immer weiterschwenken, damit das Gemüse nicht zu weich wird und einen leichten Biss hat.
- Dann das Fleisch in die Wok-Pfanne dazugeben, kurz schwenken, die frisch gehackten Kräuter untermischen und servieren. Mit Chili abschmecken.

Tipp: Man kann auf diese Weise auch das klassische Bœuf-Stroganoff zubereiten.

Grilltemperatur	**ca. 300 °C**
Grillzeit	**ca. 6–10 Minuten**
Grillmethode	**direkt im Wok angrillen**
Bezugsquelle	**C+C Pfeiffer**

FLACHES FILET (TERES-MAJOR-STEAK) AUF CIABATTA

Zutaten

700 g Flaches Filet (aus der dicken Schulter, auch Metzgerstück genannt)
Salz, schwarzer Pfeffer
Adi Matzeks Steak-Gewürz
1 Ciabatta
Salat (z. B. Eichblattsalat)
Karottenchips

Zubereitung

- Griller für direktes Grillen vorbereiten.
- Flaches Filet rundherum salzen und pfeffern, mit Steak-Gewürz einreiben.
- Das Flache Filet im Ganzen von beiden Seiten jeweils 2–3 Minuten über direkter Hitze grillen, anschließend ca. 10 Minuten in Alufolie eingeschlagen rasten lassen. Das Flache Filet sollte rare medium bis maximal medium gegrillt werden.
- In der Zwischenzeit das Ciabatta in 4 Teile schneiden und quer halbieren. Die Ciabattahälften angrillen und mit Salat belegen.
- Nun das Flache Filet in dünne Scheiben aufschneiden, die Ciabattahälften damit belegen, für den Crunch Karottenchips darauf verteilen und etwas Pfeffer aus der Mühle darübermahlen.

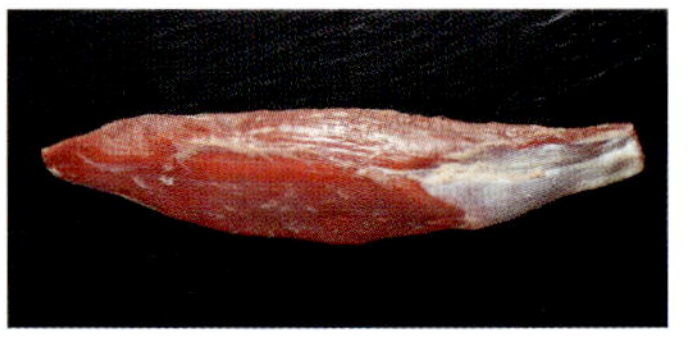

Grilltemperatur	200–230 °C
Grillzeit	ca. 6 Minuten
Grillmethode	direkt

FLACHSTEAK VON DER HÜFTE

Zutaten

700 g Hüftsteaks, ca. 1 cm dick
1 Baguette
Kräuterbutter (siehe Rezept Seite 106)
Salz, schwarzer Pfeffer
Kräuteröl

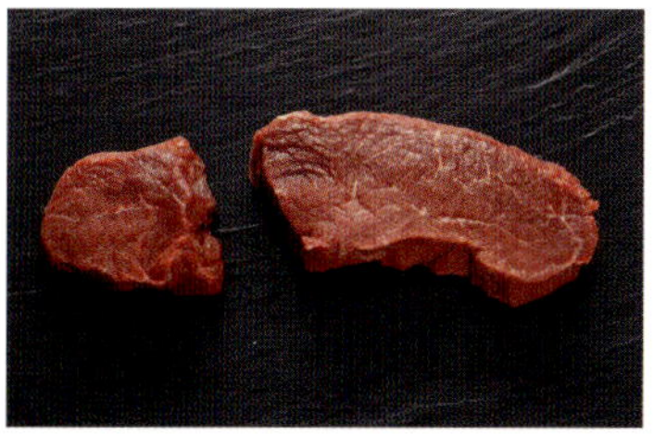

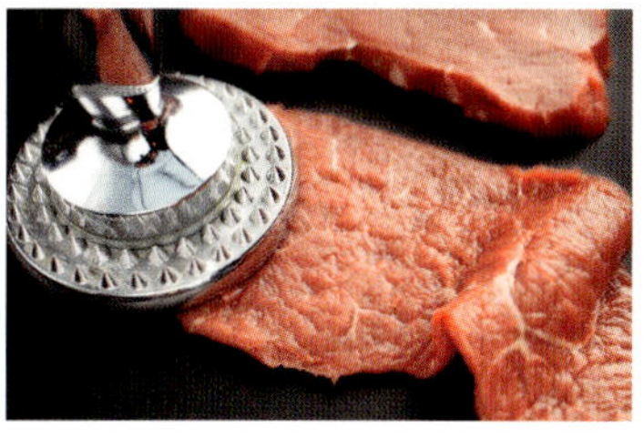

Zubereitung

- Hüftsteaks in 1 cm dicke Steaks schneiden, anschließend mit einem Plattiereisen 4–5 mm dünn plattieren.
- Baguette im Abstand von 1 cm schräg tief einschneiden, aber nicht durchschneiden. Kräuterbutter in die Schlitze streichen.
- Kräuterbutterbaguette ca. 10 Minuten bei indirekter Hitze grillen.
- Den Grill für direktes Grillen vorbereiten bzw. Sizzle Zone am Grillgerät vorheizen.
- Die Flachsteaks über der Sizzle Zone auf der ersten Seite ca. 30 Sekunden, auf der zweiten Seite 50–60 Sekunden grillen.
- Anschließend salzen, Pfeffer frisch darübermahlen, mit etwas Kräuteröl beträufeln und mit dem Kräuterbaguette servieren.

Grilltemperatur	**so heiß wie möglich**
Grillzeit	**ca. 1 1/2 Minuten**
Grillmethode	**direkt (Sizzle Zone bei Napoleon-Geräten oder so heiß wie am Grill möglich)**

FLANK-STEAK IN ASIA-MARINADE

Zutaten

700–1000 g Flank-Steak
Salz, schwarzer Pfeffer

Für die Marinade

1–2 EL frisch geriebener Ingwer
1/8 l trockener Weißwein oder Sake
2 EL Sojasauce
eventuell etwas Chilisauce
2 EL dunkles Sesamöl
schwarzer Pfeffer

Zubereitung

- Alle Zutaten für die Marinade vermischen. Das Flank-Steak in eine Schüssel oder einen Tiefkühlbeutel geben und die Marinade zugeben. Im Kühlschrank einige Stunden oder über Nacht marinieren lassen.
- Flank-Steak aus der Marinade nehmen und trocken tupfen. Abdecken und Raumtemperatur annehmen lassen. In der Zwischenzeit die restliche Marinade zu einer Sauce einkochen.
- Den Grill für direktes Grillen mit großer Hitze vorbereiten.
- Das Flank-Steak rundherum salzen und pfeffern und anschließend auf dem Grill 2 Minuten grillen, das Steak um 90° drehen, um ein schönes Grillmuster zu erzielen, weitere 2 Minuten grillen, wenden und nun ebenfalls jeweils 2 Minuten grillen wie zuvor.
- Das Flank-Steak nach dem Grillen in Alufolie eingeschlagen ca. 10 Minuten rasten lassen.
- Anschließend das Steak mit einem sehr scharfen Messer in dünne Scheiben quer zur Faser aufschneiden und mit der eingekochten Marinade servieren.

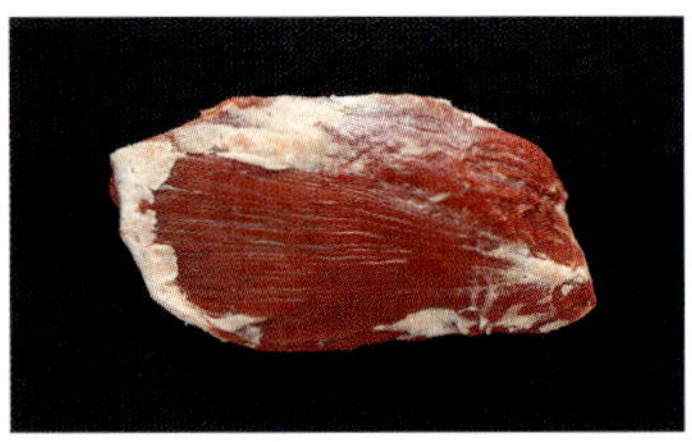

Grilltemperatur	ca. 220–250 °C
Grillzeit	ca. 8 Minuten
Grillmethode	direkt

FLANK-STEAK TRIFFT GEMÜSESUPPE

Zutaten

1 Flank-Steak, ca. 700–1.000 g
grobes Meersalz
guter Pfeffer Ihrer Wahl
1/2 Knoblauchhäuptel zum Einreiben
Butter oder Olivenöl

Für die Suppe

1 l Gemüsefond, gut abgeschmeckt
1 Karotte
1 Kohlrabi
1 Paprika
ca. 150 g geputzte und gezupfte Spinatblätter
50 g Sojasprossen
1 Bund fein gehackte Jungzwiebeln
80 g Erbsenschoten, in feine Streifen geschnitten (oder auch Tiefkühlerbsen)
2 fein geschnittene Knoblauchzehen
1 EL frisch geriebener Ingwer
1 fein gehackter Chili
Sojasauce und Limettensaft zum Abschmecken
4 kleine Bund Eiernudeln

Equipment

4 Rexgläser (300 ml)

Zubereitung

- Bei einem Flank-Steak empfehlen wir, es 1/2 Stunde vorher einzusalzen. Den Griller auf 250–300 °C erhitzen und das Steak pro Seite 2 Minuten angrillen. Anschließend mit Pfeffer und Knoblauch einreiben, mit Butter oder Olivenöl beträufeln und 20 Minuten indirekt bei ca. 100 °C in der Alufolie rasten lassen.
- Beim Anrichten das Flank-Steak quer zur Faser in einem 45-Grad-Winkel in sehr dünne Scheiben schneiden. So bleibt der Fleischsaft besser in der Faser stehen.

Tipp: Die Steaks in der Folie an den Rand des Rosts legen und auf keinen Fall den Deckel auf den Griller geben.

Für die Suppe das Gemüse klein schneiden.
Die Suppe im Glas hat den Vorteil, dass man seine eigene „Fertig"-Suppe auf Vorrat vorbereiten kann. Man kann sie mit in die Arbeit nehmen, mit heißem Gemüsefond oder Wasser aufgießen, schütteln, ca. 10 Minuten im Glas ziehen lassen und mit Sojasauce und Limettensaft abschmecken. Sie hat eine leicht bissfeste Konsistenz (daher ist es wichtig, das Gemüse sehr fein vorzubereiten) und einen vollen Geschmack nach Gemüse.

Tipp: Das ganze Gemüse nach dem Schneiden zusammenmischen, die Hälfte auf die vier Gläser aufteilen, die Nudeln daraufgeben, das restliche Gemüse dazugeben und zugedeckt im Kühlschrank stehen lassen, bis man es braucht.

Grilltemperatur	**angrillen bei 250–300 °C**
Grillzeit	**ca. 24 Minuten**
Grillmethode	**direkt angrillen, dann indirekt in Folie rasten lassen**
Bezugsquelle	**direkt beim Landwirt Reinhard Bayer, Deutsch Haslau**

FLAT-IRON-STEAK
MIT KÜRBIS-SCHAFKÄSE-BROT

Zutaten

1 Rindsschulterscherzl, 2 1/2 – 3 kg, quer durchgeschnitten, von der Sehne befreit
grobes Meersalz
guter Pfeffer Ihrer Wahl
Butter
fein gehackter Knoblauch
4 Scheiben Schwarzbrot
200 g Muskatkürbis, in Würfel geschnitten (etwa 1 cm groß)
2 rote Zwiebeln, in Spalten geschnitten
150 g gewürfelter harter Schafkäse
2 EL Honig
Salz, Pfeffer
100 g fein gehackte Petersilie
100 g Äpfel, in 1 cm große Würfel geschnitten

Zubereitung

- Rindsschulterscherzl mit grobem Meersalz würzen, auf dem heißen Grill direkt beidseitig je 2 Minuten angrillen; je mehr Hitze, umso besser. Anschließend mit fein gehacktem Knoblauch und Butter einreiben, mit Pfeffer bestreuen und in Alufolie eingeschlagen ca. 14 Minuten bei 120 °C rasten lassen.
- Gemüsekorb auf den Grillrost stellen, mit Öl ausstreichen, die Kürbiswürfel darin kurz angrillen, Zwiebelspalten dazugeben, die Apfelwürfel mitrösten und zugedeckt ca. 10 Minuten grillen. Vom Grill nehmen und mit Salz, Pfeffer, Honig, Petersilie und Schafkäsewürfeln abmischen. Schwarzbrotschnitten kurz angrillen, auf eine Platte setzen, mit Kürbis-Schafkäse-Mischung bestreuen, Fleisch aus der Folie nehmen, quer zur Faser in dünne Scheiben schneiden und
das Brot damit belegen.

Tipp: Beim Schulterscherzl ist es wichtig, die kompletten Sehnen und Fasern herauszuschneiden. Die Amerikaner sagen aufgrund der Form zu diesem Steak *Flat Iron* (= Bügeleisensteak).

Grilltemperatur	**250–300 °C**
Grillzeit	**ca. 18 Minuten**
Grillmethode	**direkt angrillen, indirekt rasten lassen**
Land	**USA**
Bezugsquelle	**Wiesbauer Gourmet**

FURNIERSTEAK MIT MANGOLD-GRIESS-ROULADEN

Zutaten

4 Rinderfiletsteaks, je ca. 4 cm hoch
Salz, Pfeffer

Für die Grießfülle

1/2 l Milch
100 g Weizengrieß
1 Knoblauchzehe
Salz, Pfeffer
Parmesan
1 Dotter
40 g Butter
4 große oder 8 mittelgroße Mangoldblätter

Equipment

unbehandeltes Holzfurnier

Zubereitung

- Holzfurnier um ca. 1 cm schmäler schneiden als die Steakstärke; mindestens 2–3 Stunden wässern, um die Steaks wickeln und mit Spagat fixieren.
- Aus Milch und Grieß mit Salz, Pfeffer und Knoblauch ein festeres Grießkoch zubereiten, etwas Parmesan und Butter unterziehen. Ein wenig auskühlen lassen und den Dotter unterrühren.
- Die Masse auf den Mangoldblättern verteilen, eng einrollen und mit Frischhaltefolie bedeckt bis zum Grillen kühl stellen.
- Grill für direktes Grillen vorbereiten.
- Die Furniersteaks bei direkter Hitze (Gas dreiviertel) pro Seite 2–4 Minuten grillen, anschließend in Alufolie gewickelt ca. 10 Minuten nachrasten lassen.
- In der Zwischenzeit die Mangold-Grieß-Rouladen bei indirekter Hitze ca. 10 Minuten grillen und zu den Furniersteaks servieren.

Grilltemperatur	**ca. 200 °C**
Grillzeit	**ca. 4–8 Minuten (je nach Gargrad)**
Grillmethode	**direkt**

GEGRILLTES ENTRECÔTE DOUBLE MIT ZUCCHINI-REIS-TORTE

Zutaten

2 Entrecôte double à 600 g
grobes Meersalz
guter Pfeffer Ihrer Wahl

500 g grob geriebene Zucchini, für ein paar Minuten leicht eingesalzen
100 g gekochter Langkornreis
1 fein gehackte rote Zwiebel
100 g geriebener Pecorino oder Gruyère
2 versprudelte Eier
100 g fein gehackte Petersilie
100 g fein gehackte Dille
Meersalz und Pfeffer aus der Mühle
2 Stück Brique oder Reisblätter (Asia-Shop)
100 g geschmolzene Butter
1 versprudelter Dotter zum Bestreichen

Equipment

runde Kuchenform, ca. 24 cm Ø

Zubereitung

- Die Entrecôtes 1/2 Stunde vorher einsalzen, auf dem vorgeheizten Grill bei 250–300 °C je Seite ca. 3–4 Minuten scharf angrillen, an den Rand geben, mit Pfeffer würzen, mit frischen Kräutern nach Belieben belegen, mit Olivenöl beträufeln und indirekt ca. 20 Minuten auf eine Kerntemperatur von 56 °C grillen (rare medium).
- Eine Kuchenform mit Butter ausstreichen, mit einem befeuchteten Reisblatt belegen, den gekochten Reis mit den Kräutern und dem Käse rasch vermengen, salzen, pfeffern, weiche Butter daruntermischen, Zucchini ausdrücken, mit der roten Zwiebel vermengen und mit den Eiern unter die Reismasse heben. Diese Masse auf dem Reisblatt verteilen, mit einem Reisblatt abdecken, mit Eidotter bestreichen und bei ca. 180 °C im vorgeheizten Griller, von der Grillfläche entkoppelt (Ziegelstein auf den Rost legen), indirekt 17–20 Minuten knusprig fertig grillen.

Tipp: Man kann das Entrecôte double auch in einer Cognacmarinade 24 Stunden einlegen und anschließend scharf beidseitig angrillen und mit Räucherchips in der indirekten Phase leicht smoken.

Grilltemperatur	250–300 °C
Kerntemperatur	56 °C
Grillzeit	ca. 26 Minuten
Grillmethode	je Seite 3–4 Minuten direkt grillen, ca. 20 Minuten indirekt fertig ziehen lassen
Bezugsquelle	Wiesbauer Gourmet

GEGRILLTES HÜFTSTEAK MIT GRÜNE-BOHNEN-ERDÄPFEL-GRÖSTL

Zutaten

4 Hüftsteaks, aus dem Hüferscherzl (dicke Hüfte) geschnitten (= Top Sirloin butt)
grobes Meersalz
guter Pfeffer Ihrer Wahl
Chilifäden zum Garnieren
200 g vorgekochte grüne Bohnen oder Fisolen, in 2–3 cm lange Stücke geschnitten
400 g in Scheiben geschnittene Erdäpfel
4 fein gehackte Knoblauchzehen
1 in dünne Spalten geschnittene rote Zwiebel
4 geschälte und entkernte Paradeiser, in Würfel geschnitten

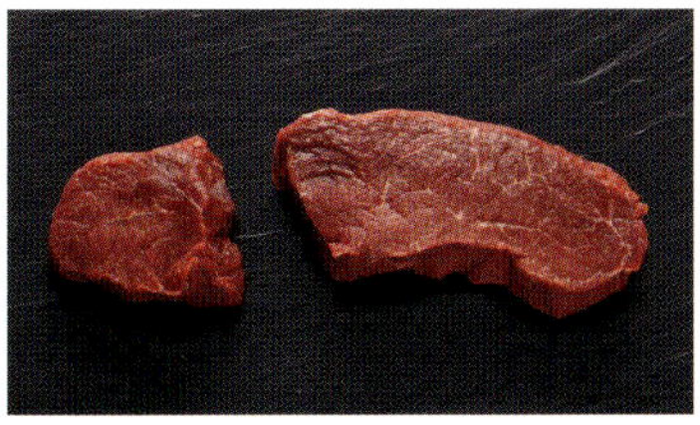

Zubereitung

- Steaks einsalzen, beide Seiten scharf direkt je 3 Minuten angrillen, dann indirekt legen, pfeffern, etwas Butter oder Olivenöl daraufgeben und 10–12 Minuten weitergrillen.
- Die Erdäpfelscheiben in einer Gusseisenpfanne schön knusprig angrillen, bei schöner Farbe die geschnittenen Bohnen dazugeben, kurz mitrösten, salzen, pfeffern und ca. 6–8 Minuten zugedeckt grillen. Anschließend die rote Zwiebel kurz mitrösten, Knoblauch und Paradeiserwürfel dazugeben und alles kurz ziehen lassen, damit sich die Aromen entwickeln können.
- Die Steaks auf die Erdäpfel-Gemüse-Pfanne setzen, mit Chilifäden garnieren und servieren.

Tipp: Auf das Hüftsteak Markscheibenknochen legen oder Kräuterbutter in der indirekten Phase mitgrillen.

Grilltemperatur	**250–300 °C**
Grillzeit	**16–18 Minuten**
Grillmethode	**direkt angrillen, dann indirekt fertig grillen**
Bezugsquelle	**Wiesbauer Gourmet**

RINDFLEISCH-BURGER (HACKSTEAK)

Zutaten

600–800 g Rinder-Kleinfleisch für Faschiertes, wenn möglich mit intramuskulärem Fett; ansonsten beim Metzger Ihres Vertrauens 200 g Rindertalg mitbestellen
grobes Meersalz

Zubereitung

- Für den perfekten Burger brauchen wir das Rinder-Kleinfleisch in kleine Würfel geschnitten (wenn kein fettes Fleisch vorhanden ist, den Talg auch kleinwürfelig schneiden und dazumischen). Das Fleisch mit grobem Meersalz einsalzen (Anhaltspunkt: ca. 40 g auf 1 kg Fleisch) und in einer Schüssel mit einem Kochlöffel oder mit den Händen (Gummihandschuhe) ca. 10 Minuten gut durchkneten oder -rühren. Dabei spaltet sich das Eiweiß auf und gibt dem Fleisch Bindung.
- Anschließend abgedeckt ca. 4 Stunden im Kühlschrank rasten lassen, mit der Faschiermaschine (grobe Scheibe) faschieren, eine Klarsichtfolie auflegen und so, wie das Fleisch aus der Faschiermaschine herauskommt, gleich wurstartig auf die Klarsichtfolie legen, zusammenrollen und wie eine Wurst fest zusammenspannen; so erhält man eine schöne dicke, rohe Rinderwurst.
- Dann weitere 4 Stunden im Kühlschrank gut durchkühlen lassen, in 2–3 cm dicke Scheiben schneiden, den Grill vorheizen, den Rost gut ölen, die Klarsichtfolie rund um die Scheiben herunternehmen und bei direkter Hitze beidseitig scharf angrillen, auf die indirekte Zone legen und je nach gewünschtem Garpunkt fertig grillen.

Tipp: Das Hacksteak kann innen noch leicht roh sein, weil es ja 100 % Rindfleisch ist, und beim Mundgefühl wird man merken, dass das Fleisch am Gaumen zergeht, weil die Faser „hoch steht" und dadurch im Mund leicht auseinanderfällt.

Grilltemperatur	ca. 250 °C
Grillzeit	ca. 8 Minuten
Grillmethode	direkt

HANGING-TENDER-STEAK ODER HERZZAPFEN GEGRILLT

Zutaten

1 Herzzapfen
Salz, Pfeffer

Für die Marinade

80 ml Sojasauce
1 EL gerebelter Thymian
1 kleine gehackte Zwiebel
3 EL Worcestershiresauce
3 TL brauner Zucker
2 TL Balsamicoessig
50 ml Öl

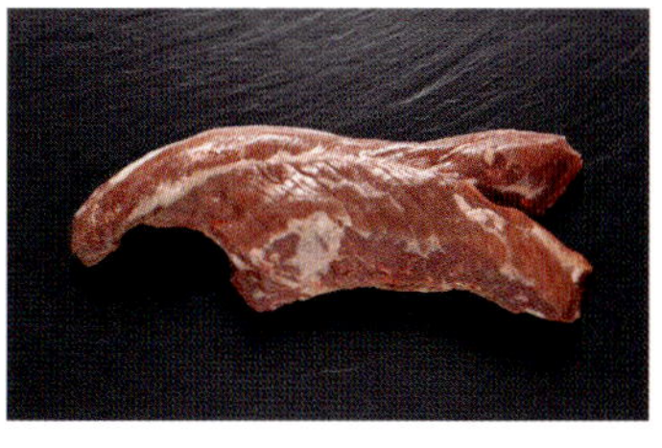

Zubereitung

- Der Herzzapfen, auch Hanging Tender genannt, sollte ca. 3 Wochen vakuumgereift sein. Die starke Sehne kann vor dem Grillen herausgeschnitten werden, sodass man zwei längliche Muskel erhält. Oder man grillt den Herzzapfen im Ganzen und entfernt die Sehne nach dem Grillen. Hanging Tender schmeckt von allen Steaks am intensivsten nach Rind und sollte nur rare medium gegrillt werden, ist also etwas für absolute Rindfleischliebhaber, die mit dem intensiven Geschmack und der dunklen Fleischfarbe ihre Freude haben. Ein saftiges Stück Fleisch mit mittelkräftigem Biss.
- Alle Zutaten für die Marinade vermischen und den Herzzapfen darin über Nacht marinieren.
- Den Grill für direktes Grillen vorbereiten.
- Herzzapfen aus der Marinade nehmen, überschüssiges Öl abtupfen und rundherum mit Salz und Pfeffer würzen. Nun pro Seite ca. 2–3 Minuten über hoher direkter Hitze grillen und in Alufolie eingeschlagen ca. 10 Minuten rasten lassen. Wer möchte, kann einen Thymian- oder Rosmarinzweig beim Rasten mit in die Folie geben.
- Anschließend quer zur Faser in sehr dünne Scheiben aufschneiden und mit Beilagen nach Wahl servieren.

Grilltemperatur	**220–250 °C**
Grillzeit	**ca. 4–6 Minuten**
Grillmethode	**direkt**

HERZZAPFENSTEAK
MIT PARADEIS-TARTE UND ROMANASALAT

Zutaten

2 Herzzapfen (Onglet)
grobes Meersalz und guter Pfeffer Ihrer Wahl
Butter oder Olivenöl
frische Kräuter

Für die Tarte

300 g Blätterteig
Ei zum Bestreichen
400 g halbierte Cherryparadeiser
2 fein gehackte Knoblauchzehen
10 g gehobelter Parmesan
2 EL fein gehackter Thymian
Salz, Pfeffer

2 Tassen Romanasalat

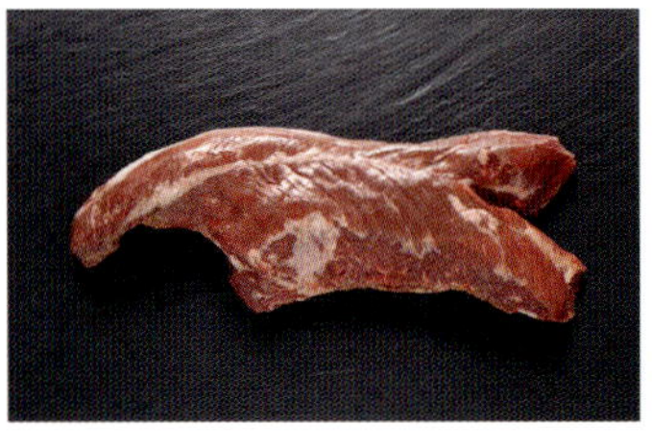

Zubereitung

- Beim Herzzapfen muss man darauf achten, dass der kleine Muskel heruntergelöst und die Sehne entfernt ist. Er eignet sich auch ideal zum Vorsalzen, in diesem Fall in Folie eingeschlagen im Kühlschrank bis zu 12 Stunden ziehen lassen.
- Das Steak scharf rundum angrillen, mit Butter oder Olivenöl einreiben, mit frisch gehackten Kräutern in Folie einwickeln und bei 100–120 °C 15 Minuten in der indirekten Zone (Griller offen) rasten lassen. Der Herzzapfen hat eine grobe Fleischstruktur und sollte noch rare medium serviert werden.
- Für die Tarte den Blätterteig auf 30 x 25 cm ausrollen, auf ein Backblech geben, mit Ei bestreichen und mit den Paradeisern belegen. Mit Olivenöl beträufeln, salzen, pfeffern, mit Knoblauch würzen, Parmesan darüberhobeln und Thymian daraufstreuen. Indirekt bei 220 °C ca. 20 Minuten grillen.
- Herzzapfen in Scheiben schneiden und mit dem Salat und der Tarte servieren.

Tipp: Einen Ziegelstein auf den Grill legen und erst darauf das Backblech stellen. So wird die Hitze „entkoppelt" und der Griller kann wie ein Backrohr verwendet werden.

Grilltemperatur	200–220 °C
Grillzeit	19 Minuten
Grillmethode	direkt angrillen, dann indirekt rasten lassen
Bezugsquelle	Wiesbauer Gourmet

PRO

HINTERES AUSGELÖSTES MIT GESMOKTEM HERBSTGEMÜSE

Zutaten

2 kg Hinteres Ausgelöstes
Pfeffer, Salz
200 g Adi-Rub
100 ml Olivenöl

Für das Herbstgemüse

200 g gelbe Rüben, Karotten, rote Zwiebeln gemischt
6 geschälte Erdäpfel, der Länge nach gesechstelt
2 Äpfel ohne Kerngehäuse, in Achtel geschnitten
2 rote Zwiebeln, in Achtel geschnitten
6 Rosmarinzweige
100 ml Olivenöl
Salz, brauner Zucker

Zubereitung

- Das Hintere Ausgelöste ist für uns eines der besten Stücke zum Grillen, da es wunderbar durchzogen und ein sehr geschmackvoller Teil vom Rind ist.
- Das Hintere Ausgelöste mit grobem Meersalz einsalzen und auf dem vorgeheizten Grill rundum scharf angrillen, anschließend mit dem Olivenöl fest einreiben, pfeffern und im Adi-Rub wälzen, in die indirekte Zone legen und auf eine Kerntemperatur von 56 °C grillen. In Alufolie einpacken und etwa eine halbe Stunde rasten lassen.
- Das geschnittene Gemüse und die Äpfel salzen, mit Zucker, Olivenöl und Rosmarin durchmischen, auf einer Gusseisenplatte oder in einem feinlöchrigen Gemüsekorb verteilen und indirekt bei ca. 160–180 °C 45 Minuten grillen. Die letzten 10 Minuten mit eingeweichten Holzchips darübersmoken.

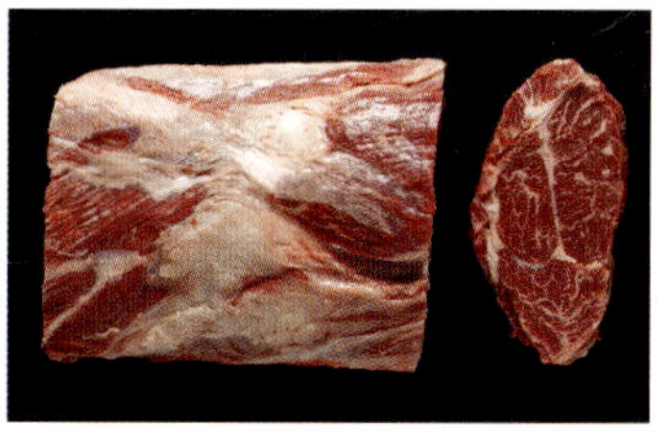

Grilltemperatur	200 °C
Kerntemperatur	56 °C
Grillzeit	ca. 2 1/2 – 3 Stunden
Grillmethode	rundum direkt angrillen, anschließend indirekt grillen
Bezugsquelle	C+C Pfeiffer

OCHSENSCHLEPP-STEAK IM DUTCH OVEN

Zutaten

1,2 kg Ochsenschlepp
2 mittelgroße Zwiebeln
200 g Karotten
ca. 100 g Sellerieknollen
100 g Petersilwurzel
3 Knoblauchzehen
Öl
Salz, schwarzer Pfeffer
1 Dose Paradeismark
1/4 l Rotwein
ca. 500 ml Rinderfond
1 TL gerebelter Thymian

Equipment

Dutch Oven, 14 Zoll

Zubereitung

- Ochsenschlepp in ca. 5 cm hohe Stücke schneiden; dies gelingt nur an der weißen Knorpelmasse, beim Knochen muss gehackt werden. Gemüse putzen und in grobe Stücke schneiden.
- Briketts im Anzündkamin vorheizen, 20 Stück unter dem Dutch Oven platzieren.
- Öl im Dutch Oven erhitzen, Ochsenschlepp scharf darin anbraten, dabei salzen und pfeffern. Gemüse zugeben und mitbraten, Paradeismark kurz mitrösten lassen und anschließend mit Rotwein und einem Teil des Fonds aufgießen. Thymian zugeben.
- Dutch Oven mit dem Deckel verschließen, darauf nun weitere 17 Holzkohlebriketts verteilen und ca. 2 1/2 Stunden garen lassen. Bei Bedarf zwischendurch etwas Fond nachgießen, mit Salz und Pfeffer abschmecken.
- Die Fleischstücke müssen sich gut vom Knochen lösen lassen und die Sehnen zu einer weichen, wohlschmeckenden Geleemasse geworden sein – ein herzhaftes Gericht, das sich optimal für die Zubereitung mit dem Dutch Oven eignet.

Grilltemperatur	**hoch**
Grillzeit	**ca. 2 3/4 Stunden**
Grillmethode	**Dutch Oven**

RIB-EYE AUS DEM WOK

Zutaten

2 Rib-Eye-Steaks à 400 g
grobes Meersalz
guter Pfeffer Ihrer Wahl
2 EL Stärkemehl
6 EL Olivenöl
2 Knoblauchzehen
10 g fein gewürfelter Ingwer
1 Bund Jungzwiebeln
1 in Streifen geschnittener roter Paprika
Saft und Abrieb von 1 Limette
100 g Koriandergrün
2 EL Sesamöl
200 ml Gemüsefond
2 EL dunkle Sojasauce
1 Msp. Sambal Oelek
1 TL Rohrzucker
2 Spritzer Fischsauce
(im Asia-Shop erhältlich)
Salz, Pfeffer

Zubereitung

- Das Fleisch trocken tupfen, falls nötig Sehnen entfernen, in dünne Streifen schneiden, mit Stärkemehl stauben und vermischen und kühl stellen. Knoblauch und Ingwer schälen, fein würfeln, Zwiebeln schräg in mundgerechte Stücke, die geputzten Paprika in dünne Streifen schneiden.
- Wokpfanne auf den Grill stellen, Sesamöl hineingeben, Fleischstreifen darin ca. 3 Minuten je Seite scharf anrösten und dann herausnehmen.
- Paprika mit Jungzwiebeln kurz durchschwenken, mit Gemüsefond und Sojasauce aufgießen und einreduzieren. Knoblauch und Ingwer dazugeben, mit Sambal Oelek, Rohrzucker und Fischsauce abschmecken und mit Salz und Pfeffer würzen.
- Rib-Eye-Streifen in den Ansatz geben und noch ca. 2 Minuten durchziehen lassen. Mit Saft und Abrieb einer Limette beträufeln und die grob gehackten Korianderblätter untermischen und mit Olivenöl abschmecken.

Tipp: Wenn man keinen Wok zur Verfügung hat, kann man das Rib-Eye auch auf einer Gusseisenplatte zubereiten.

Grillzeit	**ca. 8 Minuten**
Grillmethode	**direkt in der Wokpfanne angrillen**
Bezugsquelle	**Wiesbauer Gourmet**

RIB-EYE IM GANZEN GEGRILLT MIT GEROLLTEM FLADENBROT

Zutaten

1 Rib-Eye (Rostbraten), ca. 2 kg
grobes Meersalz
guter Pfeffer Ihrer Wahl
8 Rosmarinzweige
100 g Butterflocken

Zubereitung

- Das Rib-Eye einsalzen, große Stücke kann man auch schon Stunden vor dem Grillen einsalzen. Salz ist der Botenstoff und sorgt dafür, dass die Kohlenhydrate und Eiweiße an die Steakoberfläche kommen und beim Angrillen schöne Röstaromen entstehen.
- Das Steak rundum scharf angrillen, dann indirekt platzieren und auf eine Kerntemperatur von 52–56 °C grillen (man rechnet mit einer Grilldauer von ca. 40 Minuten pro Kilo Fleisch). Rib-Eye mit Pfeffer gut bestreuen, die Rosmarinzweige zusammenbinden und als „Pinsel" verwenden, um das Rib-Eye immer wieder mit flüssiger Butter einzustreichen.

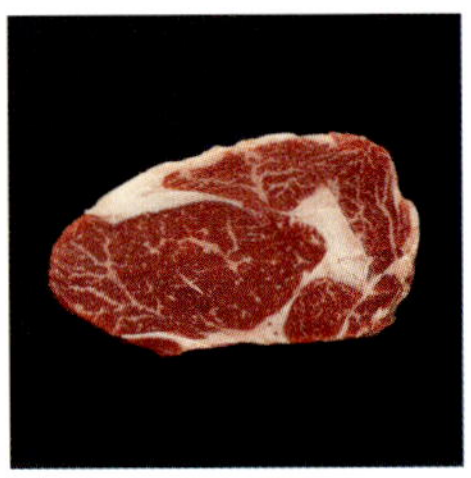

Grilltemperatur	ca. 250 °C
Kerntemperatur	52–56 °C
Grillzeit	40 Minuten/Kilo
Grillmethode	direkt und indirekt
Bezugsquelle	Wiesbauer Gourmet

GEROLLTES FLADENBROT

Für den Fladenteig

250 g glattes Mehl
250 g Hartweizenmehl
2 TL feines Meersalz
2 TL Trockenhefe
2 EL Raps- oder Olivenöl
350 g lauwarmes Wasser

- Alle Zutaten zu einem Teig verkneten, diesen vierteln, die Teile zu Fladenbroten ausrollen (Durchmesser ca. 10 cm) und kurz grillen. Herausnehmen, warm stellen und mit einem feuchten Tuch abdecken, damit die Brote weich bleiben.

Für die Fülle

500 g Muskatkürbis, geschält und in 1 cm große Würfel geschnitten
3 gehackte Knoblauchzehen
1 TL fein gehackter Thymian
4 EL Raps- oder Olivenöl
100 g Rucolasalat
1 fein gehackte Zwiebel
1 fein gehackter roter Chili
50 g geriebener Parmesan zum Bestreuen
Olivenöl zum Beträufeln

- Für die Fülle Muskatkürbis in einer Pfanne oder im Gemüsekorb scharf angrillen, Knoblauch und Thymian zugeben, mit Öl beträufeln und 8–10 Minuten grillen, damit der Kürbis weich wird und sich das Aroma entfaltet.
- Rucolasalat auf dem Fladenbrot verteilen, fein gehackte Zwiebel darüberstreuen, Chili zum Kürbis mischen und auch auf dem Fladenbrot verteilen. Mit Parmesan bestreuen und mit Olivenöl beträufeln. Fladenbrot einrollen und etwas warten, damit der Käse Zeit zum Schmelzen hat. Die Fladenrollen zum Steak servieren.

Tipp: Rosmarinzweige zusammenbinden und als „Pinsel" verwenden, um die flüssige Butter über dem Rib-Eye zu verstreichen.

RIB-EYE IM GANZEN GESMOKT MIT GESMOKTEN MELANZANI

Zutaten

1 Rib-Eye (Rostbraten), ca. 2 kg
grobes Meersalz
guter Pfeffer Ihrer Wahl
4 EL Adis Rinder-Rub
4 EL Olivenöl
300 ml Apfelsaft
2 Melanzani
100 g fein gehackte rote Zwiebeln
1 Bund fein geschnittener Schnittlauch
100 g fein gehackte Oliven
Salz, Pfeffer
Zitronensaft von 1/2 Zitrone
4 EL Olivenöl

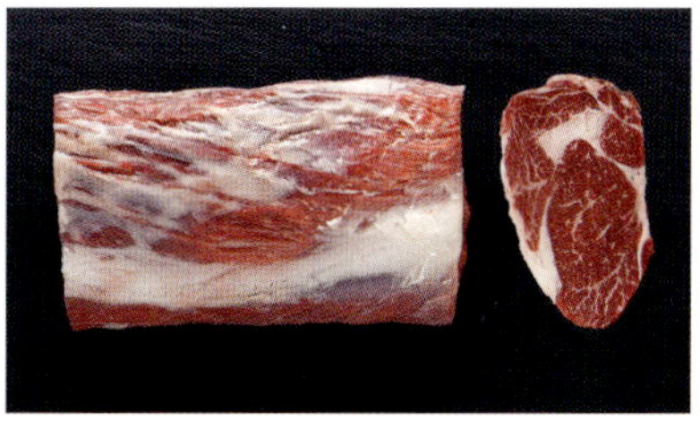

Zubereitung

- Rib-Eye salzen und pfeffern, kann man auch schon einige Stunden vor dem Grillen bzw. am Vorabend machen. Anschließend auf einen Smoker (Pellets-Smoker, Wassersmoker oder Lokomotive) setzen und bei 120 °C auf eine Kerntemperatur von 56 °C smoken. Dabei ist es wichtig, dass man das Rib-Eye öfters einmoppt bzw. bestreicht.
- Für den Mopp nimmt man den Apfelsaft, kocht ihn auf und mischt 4 EL von Adis Rinder-Rub dazu, kocht den Saft zu einer sämigen Sauce ein und moppt das Rib-Eye immer wieder damit ein.
- Beim Wassersmoker empfiehlt es sich, mit Holzchips zu arbeiten, um ein schönes Raucharoma zu erhalten (weniger ist mehr), beim Pellets-Smoker entstehen die Smoke-Aromen von allein, das ist der Griller für „faule Intelligente". Bei der Lokomotive muss man bewusst mit dem Holz umgehen. Um einen scharfen Rauchton zu vermeiden, muss das Holz entrindet sein, und Hitze und Luftzufuhr müssen genau geregelt werden – hierbei handelt es sich um eine Zubereitungsart für Freaks und Barbecue in seiner Vollendung. Durch die gleichbleibende Temperatur von 120 °C und durch das Moppen mit der Marinade entsteht eine wunderbare Kruste.
- Melanzani der Länge nach halbieren, mit einem kleinen scharfen Messer innen rundum einschneiden und dann quer schneiden, sodass ein würfeliges Muster entsteht; die Schale soll nicht verletzt werden. 35–40 Minuten smoken, wobei das Fruchtfleisch weich wird; die gehackten Zwiebeln, Schnittlauch, Oliven, Zitronensaft und Olivenöl darüberleeren und mitsmoken lassen. Das weiche Fruchtfleisch lässt sich dann herrlich auslöffeln.

Tipps: Dieses Gericht kann auf verschiedenen Grillern zubereitet werden, wobei die Grillzeit ganz wesentlich differieren kann. Man kann das Rib-Eye auch scharf rundum angrillen und dann erst smoken; um weniger Raucharomen zu erhalten, das Grillgut während des Smokens in Alufolie wickeln.

Grilltemperatur	**120 °C**
Kerntemperatur	**56 °C**
Grillmethode	**indirekt**
Bezugsquelle	**Wiesbauer Gourmet**

RIB-EYE-STEAK XXL

Zutaten

1 doppeltes Rib-Eye-Steak, ca. 2 kg
Salz, Pfeffer

Zubereitung

- Ein doppelt geschnittenes Rib-Eye-Steak bekommt man, wenn man 2 Rippenbogen aus dem Rostbraten mit Knochen schneidet. Das Fleisch dafür sollte gut 30 Tage gereift sein. Idealerweise sollte das Fleisch einer Kalbin mit einer guten Fettmarmorierung genommen werden.
- Grill für direktes Grillen mit indirekter Zone vorbereiten.
- Das Rib-Eye-XXL würzen und auf den Knochen gestellt über direkter Hitze zu grillen beginnen. Dadurch kann die Hitze durch den Knochen geleitet werden, da das Fleisch nahe dem Knochen oft vielen zu rare ist.
- Anschließend das Steak wie gewohnt an der Schnittseite bei direkter hoher Hitze 2 Minuten grillen, danach neu platzieren, durch eine Drehung um 90° erhält man ein schönes Grillmuster, und weitere 2 Minuten grillen. Nach den ersten 4 Minuten das Steak wenden und auch bei der zweiten Seite wie beschrieben vorgehen.
- Nun das Steak bei ca. 150 °C für ca. 12–15 Minuten je nach gewünschter Garstufe bei indirekter Hitze weitergaren und im Anschluss daran in Alufolie noch weitere 10 Minuten rasten lassen.

Tipp: Wer bei diesem Gericht eine Knoblauchnote schätzt, kann nach dem Grillvorgang jeweils die angegrillte Seite des Rib-Eye-Steaks mit geschnittenem Knoblauch einreiben und somit perfekt aromatisieren. Die Knoblauchstücke in der Rastphase in die Alupäckchen mit hineingeben.

Grilltemperatur	**ca. 250 °C, danach ca. 150 °C**
Grillzeit	**25 Minuten**
Grillmethode	**direkt und indirekt**

RINDERFILETSTEAK GEFÜLLT MIT GEMÜSE

Zutaten

4 Rinderfiletsteaks,
jedes ca. 5 cm hoch
1/2 Bund Petersilie
2 Karotten, 1 gelbe Rübe, 1/4 Sellerieknolle
(oder Gemüse nach Wahl)
1 EL Öl
Balsamico bianco
Salz, schwarzer Pfeffer,
alternativ Adi Matzeks Steakgewürz
8–12 Scheiben Frühstücksspeck

Zubereitung

- In die Rinderfiletsteaks vorsichtig quer eine Tasche schneiden.
- Petersilie waschen und fein hacken. Das Gemüse putzen, mit einem Gemüsehobel fein reißen, eventuell in einer Pfanne mit Öl wenige Minuten anbraten, gehackte Petersilie zugeben, mit etwas Balsamico bianco ablöschen und mit Salz und Pfeffer würzen.
- Das Gemüse in die Taschen der Steaks füllen, die Steaks mit Speckstreifen umwickeln, gegebenenfalls mit Spagat binden, damit der Speck gut hält.
- Den Grill für direktes Grillen mit großer Hitze vorbereiten.
- Die Schnittflächen der Steaks mit Salz und Pfeffer würzen und anschließend auf dem Grill bei direkter Hitze von jeder Seite ca. 3 Minuten grillen.
- Die gefüllten Rinderfiletsteaks nach dem Grillen in Alufolie eingeschlagen ca. 5 Minuten rasten lassen.

Grilltemperatur	**ca. 220–250 °C**
Grillzeit	**ca. 6 Minuten**
Grillmethode	**direkt**

RINDERFILETSTEAK
IM HEUBETT MIT SALZTEIGKRUSTE

Zutaten

4 Rinderfiletsteaks, jedes ca. 3 cm hoch

Für den Salzteig

Hälfte Mehl, Hälfte grobes Meersalz
3 Eiweiß und Wasser

Pfeffer aus der Mühle
Heu

Zubereitung

- Aus gleichen Teilen Mehl und Meersalz mit leicht geschlagenem Eiweiß und gegebenenfalls etwas Wasser einen Salzteig herstellen.
- Pizzastein oder Gussplatte im Grill vorheizen.
- Rinderfiletsteaks bei direkter Hitze je Seite ca. 2 Minuten grillen.
- Heubett auf dem Pizzastein herrichten, die Steaks darauf platzieren, etwas Heu darüber verteilen und die Steaks nun mit einer Salzteighaube bedecken.
- Indirekt nun bei ca. 180 °C je nach gewünschter Garstufe 15–20 Minuten grillen.
- Mit einer Prise frisch gemahlenem Pfeffer vor dem Servieren würzen und auftragen.

Grilltemperatur	**ca. 180–220 °C**
Grillzeit	**ca. 20–25 Minuten**
Grillmethode	**direkt und indirekt**

RINDFLEISCHSALAT „EINMAL ANDERS“

Zutaten

2 Rinderfiletköpfe à ca. 350 g
grobes Meersalz
guter Pfeffer Ihrer Wahl
2 fein gehackte rote Zwiebeln
100 g grob gehackte Petersilie
100 ml Olivenöl
50 ml Balsamicoessig
Saft und Abrieb von 1 Zitrone
2 fein gehackte Chilis
Salz, Pfeffer
1 Bund Jungzwiebeln, gewaschen, abgetupft, in schräge dünne Stücke geschnitten

Zubereitung

- Rindslungenbratenköpfe von Sehnen und Bindehaut befreien, mit grobem Salz einsalzen, auf dem vorgeheizten Grill direkt scharf rundum angrillen, dann in der indirekten Zone ca. 20 Minuten auf eine Kerntemperatur von 56 °C ziehen lassen. Anschließend vom Grill nehmen und in feine Scheiben schneiden.
- Fein gehackte Zwiebeln auf dem Grill in einer Pfanne kurz anschwitzen und mit Balsamicoessig ablöschen.
- Olivenöl, Chilis, Salz und Pfeffer dazugeben, Jungzwiebeln untermengen und mit Saft und Abrieb einer Zitrone abschmecken. Die Rinderfiletscheiben vorsichtig untermischen und mit grob gehackter Petersilie bestreuen.

Grilltemperatur	250 °C
Kerntemperatur	56 °C
Grillzeit	ca. 24 Minuten
Grillmethode	direkt und indirekt
Bezugsquelle	C+C Pfeiffer

GEGRILLTER ROSTBRATEN MIT CURRY-SPINAT

Zutaten

4 Rostbraten à 250 g (Rib-Eye)
grobes Meersalz
guter Pfeffer Ihrer Wahl
Chiliöl oder gutes Mohnöl
400 g frischer Blattspinat
150 g fein gewürfelte Karotten
2 fein gewürfelte rote Zwiebeln
200 ml Gemüsefond
1 TL Currypulver
1 TL Honig
2 EL Balsamico
100 ml Obers

Zubereitung

- Rostbraten mit grobem Meersalz würzen, auf dem vorgeheizten Grill je Seite 2 Minuten direkt scharf angrillen, mit Pfeffer würzen, mit Chili- oder Mohnöl beträufeln und indirekt 12 Minuten ziehen lassen.
- Karotten in Gusseisenpfanne in wenig Öl zu Farbe anschwitzen, gewürfelte Zwiebeln dazugeben, mit Gemüsefond ablöschen, kurz aufkochen und mit Currypulver und Honig würzen. Einen Schuss Balsamico und Obers dazugeben, köcheln, bis das Gemüse bissfest ist, den frischen Blattspinat einrühren, salzen, pfeffern, abschmecken und mit dem Rostbraten sofort servieren.

Tipp: Beim Curry-Spinat kann man auch gegrillte Garnelen untermengen, das passt wunderbar zum Rostbraten.

Grilltemperatur	**250–300 °C**
Grillzeit	**4 Minuten angrillen, ca. 12 Minuten ziehen lassen**
Grillmethode	**je Seite 2 Minuten direkt**
Land	**Uruguay**
Bezugsquelle	**Wiesbauer Gourmet**

NAPOLEON

ROSTBRATENKRONE MIT ERDÄPFEL-GRATIN AUS DEM DUTCH OVEN

Zutaten

4 Rostbratenkronen, aus dem Rib of Beef (Côte de bœuf) geschnitten
grobes Meersalz
guter Pfeffer Ihrer Wahl
4 EL Adis Rinder-Rub
10 Erdäpfel, gewaschen und geschält und in 5 mm dicke Scheiben geschnitten
250 ml Milch
250 ml Obers
100 g flüssige Butter
Salz, Pfeffer
100 g fein geriebener Parmesan
100 g fein geriebene Haselnüsse

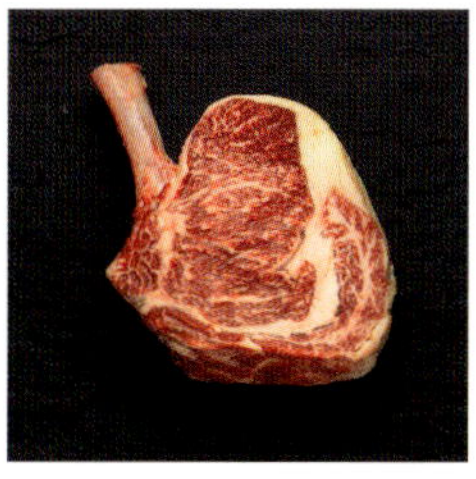

Zubereitung

- Rostbraten mit grobem Meersalz bestreuen, kurz einmassieren, beidseitig je 3 Minuten direkt scharf angrillen, anschließend in Adis Rinder-Rub wälzen, mit Butter bestreichen und indirekt grillen.
- Unter den Dutch Oven 5 heiße Briketts legen, etwas Öl erhitzen und mit Küchenkrepp ausreiben. Die Erdäpfelscheiben im Kreis dachziegelförmig einlegen und 10 Minuten angrillen lassen.
- In dieser Zeit Milch, Obers, Butter, Parmesan, Haselnüsse, Salz und Pfeffer mischen und vorsichtig über die Erdäpfel leeren. Den Deckel schließen, mit 10 glühenden Briketts belegen und 35 Minuten fertig garen lassen.

Tipps: Man kann auch die ganze Rostbraten-Krone grillen und dann in Koteletts schneiden. Nicht zu viel Kohle auf der Unterseite verwenden, sonst wird das Gratin schwarz.

Grilltemperatur	250–300 °C
Grillzeit	ca. 14–16 Minuten
Grillmethode	direkt und indirekt
Bezugsquelle	Wiesbauer Gourmet

RUMPSTEAK AUF DEM SALZSTEIN GEGRILLT

Zutaten

4 Rumpsteaks à ca. 300 g, aus der Beiried geschnitten
grobes Meersalz
guter Pfeffer Ihrer Wahl
40 Cherryparadeiser
10 Thymianzweige
4 in Scheiben geschnittene Knoblauchzehen
Salz, Pfeffer
100 ml Olivenöl
2 EL brauner Zucker
12 Erdäpfel, gewaschen und in der Schale halbiert

Equipment

Salzstein

Zubereitung

- Die halbierten Erdäpfel auf dem heißen Grillrost angrillen (schöne Grillmarkierungen) und an die Seite legen. Die Cherryparadeiser mit braunem Zucker, Salz, Pfeffer, Olivenöl, Knoblauchzehen und Thymian marinieren und ziehen lassen.
- Den Salzstein auf den heißen Grill setzen und auf 250–300 °C erhitzen. Bei richtiger Hitze „bläst" das Salz sich an der Oberfläche auf. Auf dem heißen Salzstein die Beiried beidseitig je 2 Minuten angrillen, die marinierten Cherryparadeiser auf den Salzstein legen, die Erdäpfel dazugeben, den Salzstein in die indirekte Zone schieben und alles ca. 10 Minuten indirekt fertig grillen. Das Rumpsteak nur noch mit frischem Pfeffer bestreuen und genießen.

Tipps: Den Salzstein kann man öfters verwenden, er eignet sich gut für Fisch, Meeresfrüchte oder Gemüse. Einen Salzstein kann man auch bei Barbecue point (www.barbecue-point.at) erwerben.

Grilltemperatur	**250–300 °C**
Grillzeit	**14 Minuten**
Grillmethode	**direkt auf Salzstein angrillen, indirekt fertig grillen**
Bezugsquelle	**Wiesbauer Gourmet**

SKIRT-STEAK AUF TRAMEZZINIBROT

Zutaten

ca. 600 g Skirt-Steak
150 g Erdbeeren
1 TL grobkörniger Senf
1 EL Balsamico bianco
1 TL Adi Matzeks Grillöl
Adi Matzeks Steakgewürz
Salz
Tramezzini
1/2 Häupel Lollo Verde

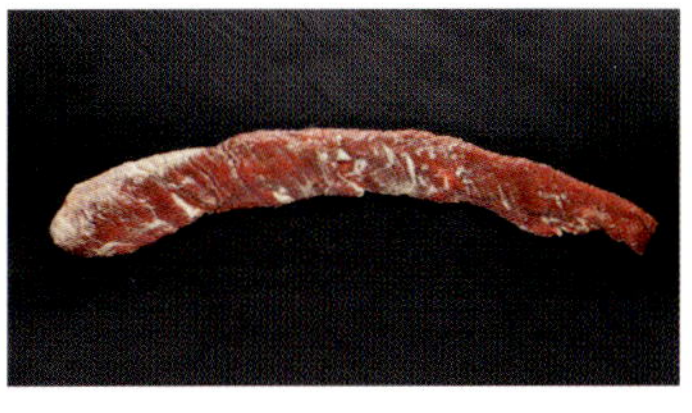

Zubereitung

- Die Erdbeeren putzen und kleinwürfelig schneiden. Aus Senf, Balsamico bianco und Adis Grillöl, welches eine nussige Note mitbringt, eine Marinade rühren und die Erdbeeren zugeben.
- Den Grill für direktes Grillen mit großer Hitze vorbereiten.
- Das Skirt-Steak mit Steakgewürz und Salz würzen und auf dem heißen Grill bei direkter Hitze je 2 Minuten pro Seite grillen, anschließend in Folie 4–6 Minuten rasten lassen.
- Während des Rastens das Tramezzinibrot auf dem heißen Rost beidseitig grillen.
- Das Skirt-Steak nun quer zur Faser in dünne Scheiben schneiden.
- Tramezzini mit Lollo Verde belegen, marinierte Erdbeeren darauf verteilen und darüber Skirt-Steak-Scheiben legen.

Tipp: Die Garstufe sollte beim Skirt-Steak möglichst rare gewählt werden.

Grilltemperatur	**220–250 °C**
Grillzeit	**ca. 4 Minuten**
Grillmethode	**direkt**

SMOKER-TOMAHAWK-STEAK

Zutaten

1 Tomahawk-Steak, ca. 5 cm dick, ca. 1 kg
Adis Spezial-Grillöl
Salz, Pfeffer

Für die Chili-Kräuterbutter

125 g Butter
10 g fein gehackte Petersilie
10 g fein gehackter Kerbel
10 g fein gehackter Schnittlauch
3 kleine, frische Chilischoten, entkernt und fein gehackt
2 gepresste Knoblauchzehen
1 Msp. geräuchertes Paprikapulver
1/2 TL Salz

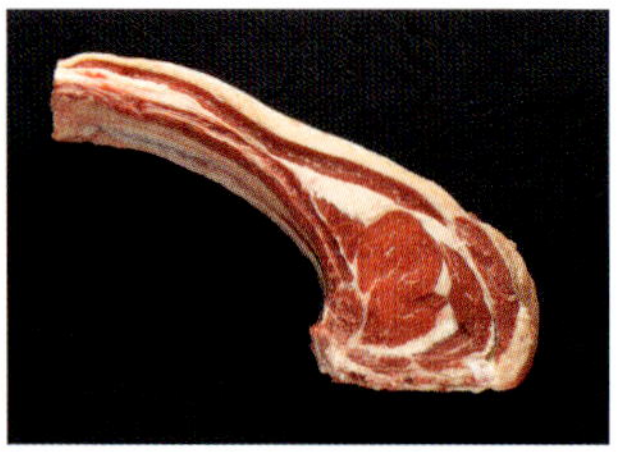

Zubereitung

- Das Tomahawk-Steak ca. 2 Tage in Adis Grillöl einlegen, es bekommt dadurch eine liebliche, nussige Note. Vor dem Grillen salzen und pfeffern.
- Butter weich werden lassen, mit den anderen Zutaten für die Chili-Kräuterbutter gut vermengen und kühl stellen.
- Den Smoker mit Buchenholz befeuern; wenn das Holz heruntergebrannt ist, in der Smokerbox über der Glut das Tomahawk-Steak jeweils 4–6 Minuten pro Seite grillen. Anschließend im Garraum des Smokers bei ca. 120–140 °C ca. 20 Minuten fertig garen.
- In Alufolie gewickelt noch 10 Minuten nachrasten lassen. Die Kerntemperatur sollte am Ende je nach persönlichem Wunsch zwischen 52 °C und 56 °C liegen.
- Das Tomahawk-Steak in Portionen teilen und mit der Chili-Kräuterbutter servieren.

Tipp: Bei großen Steaks ist ein Fleischthermometer sehr hilfreich, um den gewünschten Gargrad zu treffen.

Grilltemperatur	**angrillen bei ca. 220 °C und nachgaren bei ca. 120–140 °C**
Kerntemperatur	**52–56 °C**
Grillzeit	**ca. 30–35 Minuten**
Grillmethode	**direkt und indirekt (barbecuen)**
Grillgerät	**Smoker**

STEAK-RÖLLCHEN VOM GRILL

Zutaten

Tramezzini

Für das Beef Tatar

800 g Rinderfilet, zweifach faschiert (alternativ kann es auch ein Teil vom Hüferscherzl sein)
4 Eidotter
2 EL fein gehackte Zwiebel
1 EL fein gehackte Kapern
100 g fein gehackte Essiggurkerl
1 EL Ketchup
1 TL Estragonsenf
1 TL Paprikapulver edelsüß
1 Msp. Sardellenpaste
3 EL Olivenöl
Salz, schwarzer Pfeffer
etwas Tabasco und Weinbrand
etwas gehackte Petersilie

Zubereitung

- Für das Beef Tatar alle Zutaten fein hacken und gut miteinander vermengen, ohne die Masse zu lange zu kneten.
- Tramezzini-Scheiben mit einem Nudelholz etwas auswalzen und plätten, mit dem fertigen Beef Tatar bestreichen und zügig einrollen. Die fertigen Röllchen bis zum Grillen mit Klarsichtfolie bedeckt vor dem Austrocknen schützen.
- Den Grill für direktes Grillen mit mittlerer Hitze vorbereiten.
- Die Röllchen nun bei mittlerer bis niedriger Hitze unter ständigem Rollen direkt 1/2–1 Minute grillen und anschließend in Scheiben geschnitten halbwarm servieren.

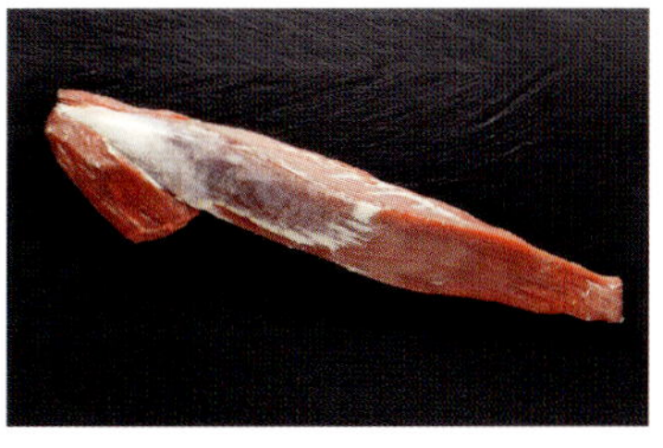

Grilltemperatur	ca. 150–180 °C
Grillzeit	ca. 1/2–1 Minute
Grillmethode	direkt

STEAK-TOAST

Zutaten

4 Rinderfiletscheiben à ca. 150 g
grobes Meersalz
guter Pfeffer Ihrer Wahl
etwas Olivenöl
8 Cherryparadeiser
8 Speckscheiben
8 Scheiben entrindetes Weißbrot
2 hart gekochte Eier
150 g Rucolasalat
Senfsauce zum Garnieren

Zubereitung

- Cherryparadeiser mit Salz, Pfeffer, Olivenöl marinieren, indirekt auf heißen Grillrost setzen, die dünn geschnittenen Speckscheiben dazugeben und ein paar Minuten knusprig grillen. Toastbrotscheiben kurz angrillen (Grillmarkierung) und auf Gusseisenplatte oder Teller setzen.
- Die Rinderfiletscheiben mit grobem Meersalz würzen, direkt auf dem heißen Grill beidseitig je 1 Minute scharf angrillen, auf den Toast legen, Speckscheiben und Cherryparadeiser dazugeben und ca. 2 Minuten indirekt ziehen lassen.
- Mit Rucolasalat und geriebenem Ei garnieren, mit Senfsauce verzieren und in einer Gusseisenpfanne oder auf einem Teller servieren.

Tipp: Zum Steak-Toast kann man auch andere Salate servieren, er eignet sich auch gut zum Kombinieren mit Garnelen und Hummer.

Grilltemperatur	**250–300 °C**
Grillzeit	**2 Minuten**
Grillmethode	**direkt**
Bezugsquelle	**C+C Pfeiffer**

T-BONE-STEAK MIT PAPRIKA-ZUCCHINI-GEMÜSE

Zutaten

2 T-Bone-Steaks à ca. 700 g
grobes Meersalz
guter Pfeffer Ihrer Wahl
1 roter Paprika
1 gelber Paprika
2 Zucchini
2 rote Zwiebeln
100 g frisch gehackter Thymian
100 ml Olivenöl
Salz, Zitronenpfeffer
Prise brauner Zucker
2 in feine Scheiben geschnittene Knoblauchzehen
1 fein gehackter Chili

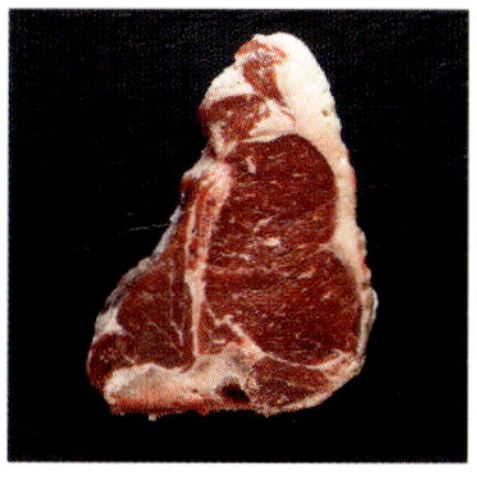

Zubereitung

- T-Bone-Steaks mit grobem Meersalz würzen, auf dem Grill bei starker Hitze beide Seiten direkt je 2 Minuten angrillen, dann mit Pfeffer bestreuen, mit Olivenöl einpinseln und stehend am Knochen ca. 10 Minuten indirekt grillen; dabei wird die Wärme über den Knochen zum Fleisch weitergeleitet.
- Zucchini in 3 mm starke Scheiben schneiden, leicht einsalzen, ca. 10 Minuten ziehen lassen, rote Zwiebeln achteln und roten und gelben Paprika in grobe Streifen schneiden.
- Eine Gusseisenpfanne auf dem Griller erhitzen, Paprika und Zwiebeln kurz durchrösten, Zucchinischeiben abtupfen, mitschwenken, mit Salz und Pfeffer würzen, braunen Zucker, fein geschnittenen Knoblauch und Chili dazugeben, mit Thymian bestreuen und Olivenöl beträufeln. Das Gemüse soll eine cremige Masse ergeben.

Tipp: Das T-Bone-Steak auf der Sizzle Zone (Infrarot-Grillstelle) scharf angrillen.

Grilltemperatur	ca. 250–300 °C
Grillzeit	ca. 14 Minuten
Grillmethode	direkt und indirekt
Land	USA
Bezugsquelle	C+C Pfeiffer

T-BONE-STEAK
MIT GEGRILLTEM WURZELKUCHEN

Zutaten

2 T-Bone-Steaks à 700–1000 g
grobes Meersalz
guter Pfeffer Ihrer Wahl
100 g Schalotten oder Zwiebeln
100 g Karotten
100 g Muskatkürbis
100 g Pastinaken
100 g Sellerie
100 g Erdäpfel
5 fein gehackte Knoblauchzehen
3 EL Olivenöl oder Rapsöl
Salz, Pfeffer
7 große Eier
200 g frische gemischte Kräuter, fein gehackt
200 g geriebener Parmesan

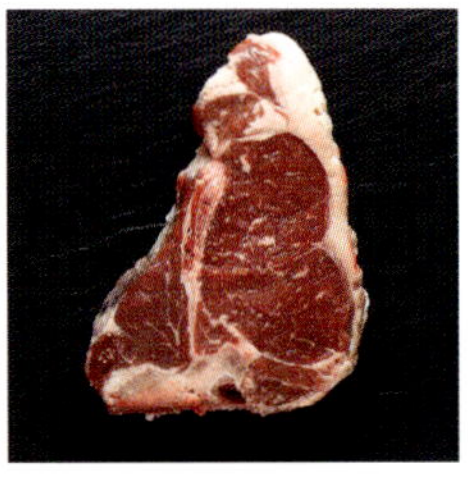

Zubereitung

- T-Bone-Steaks mit grobem Meersalz würzen, auf dem Grill bei starker Hitze beidseitig direkt je 2 Minuten angrillen, dann mit Pfeffer bestreuen, mit Olivenöl einpinseln und stehend am Knochen ca. 4–10 Minuten (je nach Gargrad) indirekt grillen; dabei wird die Wärme über den Knochen zum Fleisch weitergeleitet.
- Eine Gusseisenplatte mit einem ca. 2 cm hohen Rand mit Backpapier auslegen, das Papier über den Rand stehen lassen. Schalotten oder Zwiebeln, Karotten, Kürbis, Pastinaken, Sellerie und Erdäpfel in fingerstarke Stäbchen schneiden, salzen, pfeffern, Knoblauch dazugeben, alles gut vermischen und auf dem Backpapier in der Gusseisenpfanne verteilen.
- Eier versprudeln, Parmesan und Kräuter dazumischen, über das Gemüse geben und mit Oliven- oder Rapsöl beträufeln. Auf einen heißen Grill einen Ziegelstein stellen, die Gusseisenplatte darauf platzieren (Hitze wird durch den Ziegelstein „entkoppelt", wirkt nicht so stark) und zugedeckt bei 200 °C ca. 35 Minuten indirekt grillen.

Tipps: Das T-Bone-Steak auf der Sizzle Zone grillen.
Wenn Sie einen intensiveren Gemüsegeschmack möchten, Gemüse im Wok scharf angrillen, sodass der Fruchtzucker austritt und ein schön glasiger Röstton entsteht.

Grilltemperatur	**250–300 °C**
Grillzeit	**8–14 Minuten**
Grillmethode	**direkt angrillen, indirekt fertig grillen**
Bezugsquelle	**Wiesbauer Gourmet**

TOURNEDOS AM SPIESS GEGRILLT, SAUTIERTE PILZE UND PILZSCHAUMSÜPPCHEN

Zutaten

8 Scheiben Tournedos à ca. 80–100 g
grobes Meersalz
guter Pfeffer Ihrer Wahl
frische Thymianzweige
400 g weiße oder braune Buchenpilze
2 fein gehackte Zwiebeln
100 g fein gehackter Speck
400 ml Gemüsefond
200 ml Crème fraîche
Saft von 1 Zitrone
100 g Weißbrot
100 g Butter zum Montieren
Schuss Balsamicoessig

Equipment

4 Metallgrillspieße

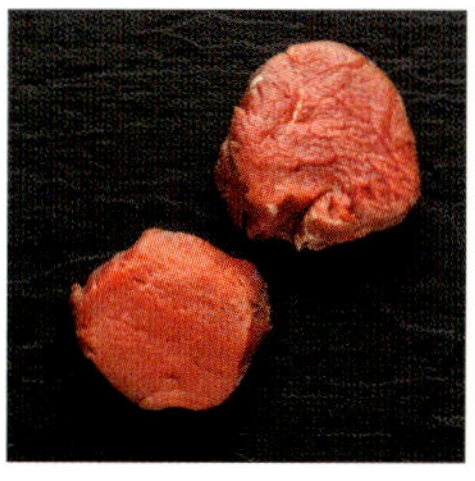

Zubereitung

- Je 2 Tournedos auf einen Metallgrillspieß aufstecken und mit grobem Meersalz marinieren.
- Für die Pilzsuppe auf dem Seitenbrenner einen geeigneten Topf aufstellen, etwas Öl hineingeben, die Zwiebeln goldgelb anrösten, Speck mitrösten, die halbe Menge der Buchenpilze dazugeben und mitrösten. Mit einem Schuss Balsamicoessig ablöschen, mit Gemüsefond auffüllen, mit Salz, Pfeffer und Zitronensaft würzen und ca. 10 Minuten köcheln lassen. Crème fraîche dazugeben und mitaufkochen.
- Das Weißbrot in kleine Würfel schneiden, dazugeben, mit dem Stabmixer fein aufmixen, durch ein Sieb in einen Topf passieren, mit 100 g kalter Butter nochmals fein aufmontieren und am Rand des Grills warm halten.
- Die Spieße direkt beidseitig je 1 Minute angrillen, Spießhalter auf den Griller stellen, die Spieße in die Halterung setzen, mit Butterflocken belegen und mit Thymian bestreuen und ca. 8 Minuten indirekt grillen.
- Danach auf dem Seitenbrenner die restlichen Pilze in etwas Butter rasch ansautieren, in einem tiefen Teller anrichten, den Spieß darüberlegen und die Suppe dazu servieren. Nach eigenem Geschmack die Suppe eingießen.

Tipp: Bei den Tournedos am Spieß kann man auch Speck oder Paprikastücke mitgrillen, das Fleisch wird dann in einem großen tiefen Teller angerichtet und mit Pilzschaumsüppchen leicht untergossen!

Grilltemperatur	**250–300 °C**
Grillzeit	**10 Minuten**
Grillmethode	**direkt und indirekt**
Bezugsquelle	**C+C Pfeiffer**

TOURNEDOS MIT SÜSSERDÄPFELPÜREE

Zutaten

4 Stück Tournedos à 80–120 g
grobes Meersalz
fein gehackter Rosmarin
guter Pfeffer
2 EL Butter

Für das Süßerdäpfelpüree

ca. 1 kg Süßerdäpfel
1 rote Paprikaschote
1 Chilischote
Schuss Zitronensaft
etwas Honig
Curry, Salz und Pfeffer
eventuell etwas Olivenöl

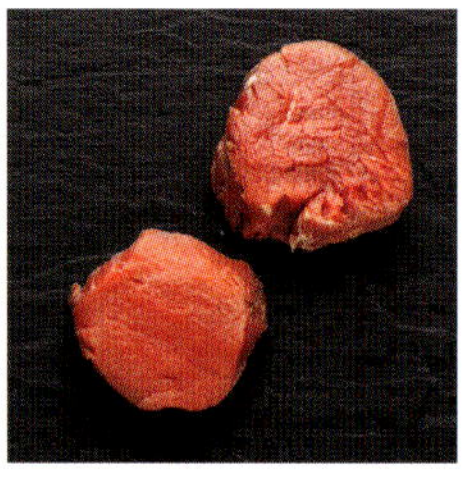

Zubereitung

- Das Fleisch sollte jeweils ca. 1–2 cm hoch sein; die Tournedos nur leicht zusammendrücken, damit sie die Form behalten. Geschmolzene Butter oder Butterflocken mit gutem Pfeffer und fein gehacktem Rosmarin vermengen und zur Seite stellen.
- Die Tournedos bei direkter Hitze von 250 °C beidseitig schnell angrillen, damit ein schönes Grillmuster entsteht, anschließend an die Seite legen, mit Butterflocken oder mit geschmolzener Butter beträufeln, mit Pfeffer und Rosmarin bestreuen und indirekt ca. 8 Minuten fertig grillen. Kerntemperatur: medium (56 °C) oder Druckprobe.
- Die Süßerdäpfel rund um die Kohle an den Rand geben und ca. 35 Minuten zugedeckt mitgrillen. Dabei wird die Schale sehr schwarz, daher empfiehlt es sich, die Süßerdäpfel nach 10 Minuten in Alufolie einzupacken, wieder an den Rand zu legen und dann im eigenen Saft schmoren zu lassen.
- Roten Paprika in 4 Teile schneiden, die weißen Teile und die Kerne weggeben und die Paprikaviertel scharf angrillen. An den Rand des Rosts legen und mit einer Chilischote gleichzeitig indirekt mitgrillen.
- Mit einem Zahnstocher die Probe machen, ob die Süßerdäpfel weich sind, dann zerteilen und das Fruchtfleisch aus der Schale nehmen und mit Salz, Pfeffer, Zitronensaft, etwas Honig und Curry vermengen und mit einem Stabmixer in einem Plastikgeschirr aufmixen. Wer das Püree etwas dünner und als Brotaufstrich genießen möchte, kann einen Schuss Olivenöl dazugeben. Das fertige Püree entweder auf Schwarz- oder Weißbrot mit Knoblauch aufspritzen.

Grilltemperatur	**zuerst 250 °C, dann 200 °C**
Kerntemperatur	**56 °C**
Grillzeit	**ca. 10–12 Minuten**
Grillmethode	**direkt und indirekt**
Bezugsquelle	**C+C Pfeiffer, Fleischhauer Ihres Vertrauens**

TXOGITXU-RIB-EYE IM MEERSALZMANTEL

Zutaten

2 St. Txogitxu-Beiried à ca. 700 g
Meersalz

„Die Kuh, die Oma wurde“ ist im Baskenland Kult

Zubereitung

- Txogitxu wird auf dem heißen Grill direkt gegrillt. Das Txogitxu-Fleisch ohne Vorsalzen 4 Minuten auf den heißen Grillrost auflegen, Grillzange bereithalten und darauf achten, dass das Fett nicht zu brennen beginnt. Dann wenden und mit grobem Meersalz fest bestreuen (s. Foto) und weitere 4 Minuten grillen.
- Anschließend vom Grill nehmen, auf einen mit reichlich Salz bestreuten Teller oder in eine Gusseisenpfanne legen, auch die Oberseite mit Salz abdecken und an einem warmen Ort 6–8 Minuten rasten lassen. Nach der Rastphase wird das Salz mit dem Messer heruntergeschabt und das Txogitxu-Rib-Eye aufgeschnitten.
- Das Txogitxu wird bleu serviert und man muss einmal probiert haben, wie herrlich dieses Fleisch schmecken kann!

Grilltemperatur	250–300 °C
Grillzeit	ca. 8 Minuten
Grillmethode	direkt
Land	Spanien
Bezugsquelle	Wiesbauer Gourmet

TXOGITXU-RIB-EYE

Zutaten

2 St. Txogitxu-Rib-Eye à ca. 700 g
Kräuter-Olivenöl-Marinade

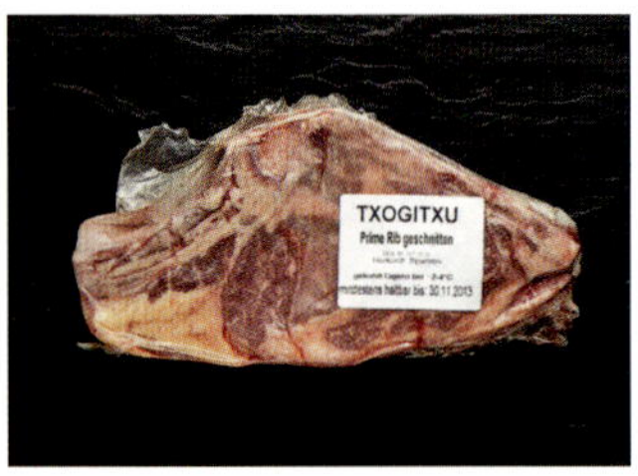

Zubereitung

- Man kann das Txogitxu-Rindfleisch natürlich auch normal grillen, ohne es im Salzmantel rasten zu lassen. Nach 4 Minuten Angrillen je Seite mit einer Kräuter-Olivenöl-Marinade beidseitig einreiben und bis ca. 80–100 °C Kerntemperatur rasten lassen (ca. 6 Minuten).

Grilltemperatur	250 °C
Kerntemperatur	ca. 80–100 °C
Grillzeit	8 Minuten
Grillmethode	direkt
Land	Spanien
Bezugsquelle	Wiesbauer Gourmet

WINZERSTEAK

Zutaten

1 Englischer, ca. 4–6 kg, der Lungenbraten muss dabei sein

Für die Marinade

5 Flaschen Rubin Carnuntum Ihrer Wahl
2 l Johannisbeersaft
1 l Portwein
200 g frische Kräuter (Rosmarin, Thymian, Liebstöckel, Oregano)
ca. 20 Pfefferkörner
Lorbeerblätter

Butter und Olivenöl

Zubereitung

- Das Steak sollte, bedeckt mit einer Marinade aus Rotwein, Portwein, Johannisbeersaft und den Kräutern, 24 Stunden eingelegt werden. Am Tag des Grillens aus der Marinade nehmen, trocken tupfen und mindestens 6 Stunden bei Zimmertemperatur in Klarsichtfolie temperieren lassen.
- Den Griller auf 200 °C vorheizen und den Englischen in der indirekten Zone grillen, den Lungenbratenteil dabei mit Alufolie abdecken, um ihn zu schützen. Die Marinade auf ein Drittel einkochen, durch ein feines Sieb abseihen und das Winzersteak damit alle 20–30 Minuten einpinseln. Dadurch bildet sich eine schöne Kruste, was den Reiz des Winzersteaks erst richtig ausmacht!
- Man sollte mit 2 Kerntemperaturfühlern arbeiten, einer für den Lungenbraten und einer für die Beiried. Wenn der Lungenbraten eine Kerntemperatur von 52 °C erreicht hat, herunterlösen, mit etwas Butter und Olivenöl einreiben und in Alufolie eingeschlagen an einem warmen Ort bei ca. 80 °C rasten lassen.
- Wenn der Rest die gleiche Kerntemperatur erreicht hat, auch vom Knochen lösen, mit Marinade rundum einpinseln, Butter und Olivenöl dazugeben und rasten lassen. Dann aufschneiden und genießen.

Tipp: Das Winzersteak ist sehr exklusiv, daher verwenden die Winzer nur ihre besten Rotweine dafür.

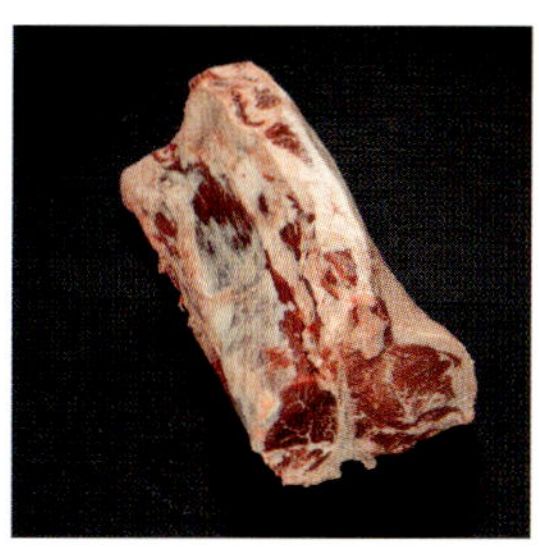

Grilltemperatur	**200 °C**
Grillzeit	**ca. 3–4 Stunden**
Grillmethode	**indirekt**
Bezugsquelle	**Wiesbauer Gourmet**

GEGRILLTES KALBSMEDAILLON IM AROMAPACK

Zutaten

8 Kalbsmedaillons à 80–100 g
2 unbehandelte Zitronen, in Scheiben geschnitten
8 Knoblauchzehen
100 g Petersilie ganz
2 TL grober schwarzer Pfeffer
4 EL Olivenöl
1 Prise brauner Zucker
grobes Meersalz
8 Rosmarinzweigerl

Equipment

4 Stück Alufolie (ca. 30 x 40 cm)

Zubereitung

- Die Alufolien nebeneinander auflegen, die Zitronenscheiben darauf verteilen, je 2 Kalbssteaks mit grobem Meersalz bestreuen, auf die Zitronen setzen und Rosmarin und Petersilie rundherum verteilen. Mit grobem Pfeffer bestreuen, Knoblauch ebenfalls rundherum verteilen, die Alufolie fest verschließen und bei direkter Hitze ca. 6 Minuten je Seite grillen. Anschließend an den Rand des Rosts legen und indirekt 5–6 Minuten nachziehen lassen.

Tipp: Verwenden Sie eine reißfeste Alufolie.

Grilltemperatur	250 °C
Grillzeit	ca. 17–18 Minuten
Grillmethode	direkt angrillen, indirekt fertig grillen
Bezugsquelle	Wiesbauer Gourmet

KALBSRÜCKENSTEAK MIT AVOCADO-TATAR UND POCHIERTEM EI

Zutaten

4 Kalbsrückensteaks
grobes Meersalz
guter Pfeffer Ihrer Wahl
Limettenabrieb
2 EL Olivenöl
4 reife Avocados (Hass)
1 fein gehackter Chili
Saft von einer Limette
2 EL Honig
Salz, Zitronenpfeffer
300 ml Orangensaft
4 pochierte Eier
2 EL Olivenöl

Zubereitung

- Die Kalbsrückensteaks salzen, direkt je Seite 2 Minuten angrillen, 8 Minuten indirekt fertig grillen, pfeffern, mit Limettenabrieb und Olivenöl einpinseln.
- Avocados schälen und in kleine Würfel schneiden. Den Orangensaft mit Honig, fein gehacktem Chili, Limettensaft, Salz und Zitronenpfeffer sirupartig einkochen, die Avocadowürfel untermischen und mit Olivenöl abschmecken.
- Kalbsrücken schräg zur Faser in Scheiben schneiden, mit Avocadotatar und pochiertem Ei servieren.

Tipp: Dieses Gericht lässt sich auch wunderbar mit Wildschweinrücken zubereiten.

Grilltemperatur	**220–250 °C**
Grillzeit	**12 Minuten**
Grillmethode	**direkt angrillen, indirekt fertig grillen**
Bezugsquelle	**Wiesbauer Gourmet**

KALBSKOTELETT MIT SPINATAUFLAUF

Zutaten

4 Kalbskoteletts à 250–300 g
2 EL fein gehackter Rosmarin
grobes Meersalz und guter Pfeffer Ihrer Wahl
100 ml Olivenöl
Abrieb einer Limette
400 g Babyspinat oder frischer Blattspinat
2 fein gehackte Zwiebeln
200 g gepresste Erdäpfel
4 Dotter
4 Eiklar
100 g Butter
Salz, Muskatnuss
2 EL Stärkemehl
Butter und Brösel für die Form

Zubereitung

- Kalbskoteletts salzen, bei direkter Hitze von 250–300 °C beidseitig je 3 Minuten angrillen, indirekt legen und mit Olivenöl und gutem Pfeffer eigener Wahl, Rosmarin und Limettenabrieb einreiben. Etwa 12 Minuten indirekt bei 200–220 °C grillen, in der Halbzeit einmal wenden und die andere Kotelettseite auch mit den oben genannten Zutaten marinieren.
- Butter schaumig schlagen, Dotter dazugeben, mit Salz, Pfeffer und Muskatnuss abschmecken und die passierten Erdäpfel mit dem Schneebesen untermengen. Eiklar mit der Stärke steif schlagen und die Hälfte mit der Buttermasse verrühren.
- Babyspinat putzen, waschen, trocken tupfen und unter die Butter-Schnee-Masse mengen; dann erst den restlichen Schnee ganz vorsichtig unterheben. Die Spinatmasse in eine gebutterte und mit Bröseln ausgestreute Form geben und den Auflauf entkoppelt (Ziegelstein unterlegen) 35 Minuten bei 160–180 °C grillen.

Grilltemperatur	**zuerst 250–300 °C, dann 200–220 °C**
Grillzeit	**ca. 18 Minuten**
Grillmethode	**direkt beidseitig je 3 Minuten angrillen, indirekt fertig grillen**
Bezugsquelle	**Wiesbauer Gourmet**

NAPOLEON
PRO

GEGRILLTES VITELLO TONNATO

Zutaten

8 Karreerosensteaks vom Kalb, 0,5 cm dick geschnitten
Salz, schwarzer Pfeffer

Für die Thunfischsauce

1 Dose Thunfisch ohne Öl
3 Sardellenfilets
2 Eier
60 ml Milch
200 ml gutes Olivenöl
2 EL Kapern
2 EL Zitronensaft

Zubereitung

- Für die Thunfischsauce den Thunfisch gut abtropfen lassen und alle Zutaten in einem Mixer sämig pürieren und mit Salz und Pfeffer abschmecken.
- Griller für direktes Grillen vorbereiten.
- Kalbsteaks mit Salz und Pfeffer würzen und auf dem sehr heißen Grill bei direkter Hitze zuerst ca. 30 bis max. 60 Sekunden grillen, wenden und weitere 30 bis max. 60 Sekunden grillen, je nach eigener Vorliebe. Einige Minuten sollten die Karreerosensteaks noch nachrasten.
- Mit der Thunfischsauce überzogen halbwarm servieren.

Grilltemperatur	**220–250 °C**
Grillzeit	**ca. 1–2 Minuten**
Grillmethode	**direkt**

Schwein

FILET-DUETT – HAUSSCHWEIN TRIFFT WILDSCHWEIN
FLAMBIERTE MEDAILLONS VOM SCHWEIN
FLEDERMAUSSTEAK MIT KÜRBIS-ERDÄPFEL-GEMÜSE
GEGRILLTER IBERICO-SCHOPF MIT ROTWEIN-ZWIEBEL-TARTE
GEGRILLTES KOTELETT VOM IBERICO-SCHWEIN MIT KOHLROULADE
GEGRILLTES SPANFERKELRÜCKENSTEAK
HOLZHACKERSTEAK
KARREESTEAK IN ANANASPÜREE
SCHOPFSTEAK ODER RIB-EYE-STEAK VOM SCHWEIN
SCHWEINSLUNGENBRATEN IM GANZEN GEGRILLT, MIT OLIVEN-PAPRIKA-VINAIGRETTE UND GEFÜLLTEN ERDÄPFELTASCHERLN
SCHWEINSRÜCKENSTEAK VOM TULLNERFELDER SCHWEIN MIT BASILIKUM-PARADEIS-NUDELN
SPEZIAL-KARREESTEAK

FILET-DUETT – HAUSSCHWEIN TRIFFT WILDSCHWEIN

Zutaten

2 Schweinefilets
1 etwas größeres Wildschweinfilet
Salz
schwarzer Pfeffer
Adi Matzeks Schweinefleischgewürz
Schweinsnetz

1 Radicchio-Kopf
1 Chicorée
1/2 Bund Jungzwiebeln
2 EL Olivenöl
2 EL Balsamico
Saft einer halben Orange
Salz, Pfeffer

Zubereitung

- Die Schweinefilets komplett zuputzen und von der Silberhaut befreien. Das Wildschweinfilet ebenfalls zuputzen, von allen Sehnen befreien und je nach Größe des Filets der Länge nach in 3 oder 4 Stifte schneiden. Diese über Nacht einfrieren.
- In die Schweinefilets mit einem langen dünnen Messer der Länge nach eine schmale Tasche schneiden. Die gefrorenen Wildschweinfiletstücke können nun in diese Tasche gesteckt werden.
- Die gefüllten Schweinefilets rundherum kräftig würzen und mit einem Schweinsnetz umwickeln. Vor dem Grillen einige Stunden bei Raumtemperatur liegen lassen, damit das gefrorene Wildschweinfilet vollständig aufgetaut ist.
- Den Grill für direktes Grillen mit indirekter Zone vorbereiten.
- Die gefüllten Schweinefilets auf drei Seiten über direkter Hitze kräftig angrillen, bis ein schönes, markantes Grillmuster entsteht. Anschließend bei indirekter Hitze bei ca. 150 °C 5 Minuten garen lassen.
- Die Schweinefilets in Alufolie gewickelt noch einige Minuten rasten und nachziehen lassen. In der Zwischenzeit Radicchio, Chicorée und Jungzwiebeln putzen, waschen und trocken tupfen. Alles in feine Streifen schneiden. Eine Marinade aus Olivenöl, Balsamico, Orangensaft, Salz und Pfeffer zubereiten und mit dem Salat vermengen.
- Die gefüllten Schweinefilets zu Medaillons portionieren und mit dem Radicchio-Salat servieren.

Grilltemperatur	**ca. 220 °C und danach ca. 150 °C**
Grillzeit	**ca. 10 Minuten**
Grillmethode	**direkt und indirekt**

FLAMBIERTE MEDAILLONS VOM SCHWEIN

Zutaten

1 Schweinefilet
Salz, Pfeffer
Devil's Flame Flambieressenz von Josef Farthofer, Geschmack Mostbirne

Zubereitung

- Das Schweinefilet in 2 cm starke Medaillons schneiden und mit Salz und Pfeffer würzen.
- Grill für direktes Grillen vorbereiten. Gusspfanne erhitzen.
- Medaillons bei direkter Hitze ca. 1 Minute pro Seite grillen. Anschließend in die erhitzte Gusspfanne legen und diese wiederum über direkter Hitze platzieren. Wenn die Pfanne gut erhitzt ist, mit der Flambieressenz die Medaillons punktuell übergießen und dann vor dem Servieren entzünden.
- Warten, bis die Flammen erloschen sind, und danach den feinen Geschmack des Fleisches in Kombination mit dem wunderbaren Birnenaroma mit leichter Marzipannote genießen.
- Diese Flambieressenz, die von Josef Farthofer in Kooperation mit Adi Matzek entwickelt wurde, ist in verschiedenen Geschmacksrichtungen erhältlich.

Tipp: Vorsicht, bei heller Umgebung wird die Flamme nicht so leicht gesehen. Prüfen Sie in diesem Fall immer vorsichtig mit der Handfläche, ob die Flambieressenz wirklich vollständig verbrannt ist, um Verbrennungen zu vermeiden.

Grilltemperatur	**ca. 200–230 °C**
Grillzeit	**ca. 10 Minuten**
Grillmethode	**direkt**

FLEDERMAUSSTEAK MIT KÜRBIS-ERDÄPFEL-GEMÜSE

Zutaten

ca. 700 g Fledermauserl (besonders zartes Teilstück, das aus dem Kreuzbein gelöst wird, bitte beim Fleischhauer vorbestellen)
400 g Erdäpfel
1 kl. Hokkaidokürbis
Öl
Salz, schwarzer Pfeffer
gerebelter Thymian

Zubereitung

- Den Grill für direktes Grillen vorbereiten.
- Erdäpfel schälen, Hokkaidokürbis waschen und entkernen. Beides in dünne Spalten schneiden und kurz in Salzwasser vorkochen.
- Kürbis- und Erdäpfelspalten in einer Gusspfanne auf dem Grill in etwas Öl ca. 10 Minuten kräftig rösten, dabei mit Salz, Pfeffer und Thymian würzen.
- Fledermaussteaks ebenfalls mit Salz, Pfeffer und Thymian würzen und auf dem heißen Grill bei direkter Hitze je 1 1/2 Minuten pro Seite grillen. In Folie gewickelt noch ca. 5 Minuten rasten lassen und mit dem Kürbis-Erdäpfel-Gemüse anrichten.

Tipp: Wer es gerne noch würziger möchte, kann kurz vor dem Servieren kleine Fetawürfel unter das Kürbis-Erdäpfel-Gemüse ziehen.

Grilltemperatur	**ca. 200–230 °C**
Grillzeit	**ca. 13 Minuten**
Grillmethode	**direkt**

GEGRILLTER IBERICO-SCHOPF MIT ROTWEIN-ZWIEBEL-TARTE

Zutaten

Iberico-Schopf, 800–1000 g
grobes Meersalz
guter Pfeffer Ihrer Wahl
4 fein gehackte Rosmarinzweige
2 EL Olivenöl
200 g Blätterteig
4 rote Zwiebeln (ca. 400 g)
etwas Butter
2 EL Raps- oder Olivenöl
Salz, Pfeffer
4 EL Balsamicoessig
100 ml Rotwein

Zubereitung

- Schopfbraten mit grobem Meersalz, Pfeffer, fein gehacktem Rosmarin und Olivenöl fest einreiben und indirekt ca. 40 Minuten auf eine Kerntemperatur von 58–62 °C grillen.
- Blätterteig 2–3 mm dick ausrollen und mit einem Durchmesser von 20 cm ausstechen, in Folie einwickeln und kalt stellen. Die Zwiebeln schälen und so in 6–8 Spalten schneiden, dass das Wurzelende der Zwiebeln noch zusammenhält.
- Butter und Öl in einer Tarteform verteilen und auf den Grill stellen. Die Zwiebeln einschlichten, salzen, pfeffern und 15–20 Minuten indirekt grillen. Dabei tritt der Zwiebelsaft aus und die Zwiebeln beginnen zu schmoren; dazwischen mit Balsamicoessig und Rotwein beträufeln und umdrehen. Sind die Zwiebeln dann schön karamellisiert, die Pfanne vom Grill nehmen, die Blätterteigscheibe daraufgeben und indirekt noch ca. 20 Minuten grillen, sodass der Blätterteig schön aufgeht. Dann die Zwiebeltarte stürzen.
- Vor dem Schneiden kann man den Schopfbraten mit Bärlauch- oder Basilikumpesto bestreichen, dann aufschneiden und auf die Zwiebeltarte legen.

Tipp: Die Tarte noch mit frischem Parmesan oder Pecorino bestreuen und mit Salat als Hauptgericht servieren.

Grilltemperatur	220 °C
Kerntemperatur	58–62 °C
Grillzeit	40 Minuten
Grillmethode	indirekt
Land	Spanien
Bezugsquelle	C+C Pfeiffer

GEGRILLTES KOTELETT VOM IBERICO-SCHWEIN MIT KOHLROULADE

Zutaten

1,2 kg Krone vom Iberico-Schweinskarree
grobes Meersalz
guter Pfeffer Ihrer Wahl
8 große Kohlblätter, blanchiert und der Strunk entfernt
300 g Kohl, in feine Streifen geschnitten
je 100 g fein gewürfelte Zwiebeln und Champignons
1 Msp. gemahlener Kümmel
100 ml flüssiges Obers
8 Scheiben Frühstücksspeck
2 EL Brösel
evtl. Balsamico

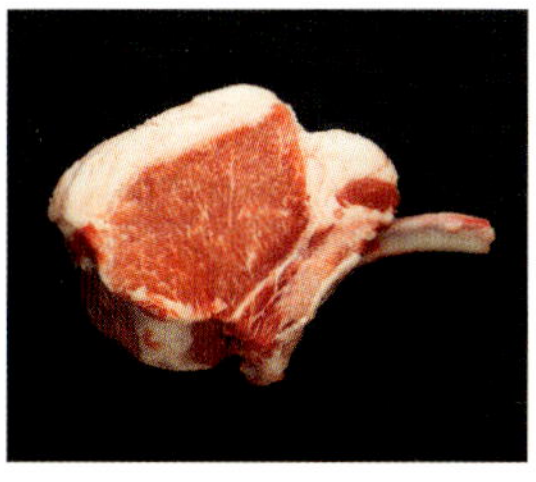

Zubereitung

- Aus der Iberico-Krone zwischen den Knochen 4 schöne Koteletts (mindestens 2 cm hoch) schneiden, salzen und direkt beidseitig je 1 1/2 – 2 Minuten angrillen. Koteletts indirekt platzieren, pfeffern und 8–10 Minuten grillen.
- Je 2 blanchierte Kohlblätter hintereinander auflegen und mit dem Fleischklopfer leicht klopfen.
- Eine Pfanne mit Öl auf den Grill stellen, die Zwiebeln rasch anrösten, die Champignons dazugeben und mit Salz, Pfeffer und Kümmel würzen. Den fein geschnittenen Kohl beigeben, mit Obers aufgießen, eventuell einen Schuss Balsamicoessig zum Abschmecken dazugeben und ca. 10–15 Minuten bissfest köcheln lassen.
- Ist die Flüssigkeit einreduziert und weist eine schön sämige Konsistenz auf, 2 EL Brösel untermischen und die Masse auf die plattierten Kohlblätter streichen; zusammenrollen, die kleinen Rouladen in eine mit Butter ausgepinselte Pfanne setzen und ca. 20 Minuten indirekt grillen. Die fertigen Kohlrouladen mit knusprigen Speckscheiben belegen und mit den Koteletts zusammen servieren.

Tipp: Sie können die Koteletts beim indirekten Grillen mit einem Gewürzpesto oder einer Kräuterpaste bestreichen, da beim indirekten Grillen nichts mehr verbrennen kann und das Aroma erhalten bleibt.

Grilltemperatur	250 °C
Grillzeit	ca. 11–14 Minuten
Grillmethode	direkt und indirekt
Land	Spanien
Bezugsquelle	C+C Pfeiffer

GEGRILLTES SPANFERKELRÜCKENSTEAK

Zutaten

1 Spanferkelrücken
8 Speckscheiben (Bauchspeck)
100 g gewässertes Schweinsnetz
100 ml Olivenöl
grobes Meersalz
guter Pfeffer Ihrer Wahl
2 EL fein gehackter Rosmarin
100 g geröstete und fein gehackte Kürbiskerne

Zubereitung

- Spanferkelrücken mit einem scharfen Messer von der Mitte weg vom Knochen trennen. Die Schwarte vorsichtig vom Rückenfilet herunterschneiden, mit Salz bestreuen und indirekt auf den Grill legen; bei ca. 200 °C knusprig grillen.
- Das Spanferkelfilet leicht plattieren, mit grobem Meersalz würzen, pfeffern, mit fein gehacktem Rosmarin und Kürbiskernen bestreuen, mit Olivenöl beträufeln und mit Bauchspeckscheiben belegen. Zu einer Schnecke zusammenrollen, in ein Schweinsnetz einpacken und indirekt bei 200–220 °C ca. 20 Minuten grillen. Dann kurz eventuell noch direkt ein wenig Farbe nehmen lassen, mit Kürbiskernen bestreuen und genießen.

Tipps: Schweinspapier (die abgelöste Schwarte) in daumengroße Stücke schneiden und in 1 Liter Rindssuppe mit ganzem Kümmel weich kochen. Bei Bedarf Flüssigkeit dazugeben, bis die Schwarte schön weich ist. Noch heiß fein aufmixen, auf Silikonunterlage oder Backpapier sieben, mit einer Spachtel dünn verteilen und im Backrohr bei ca. 200 °C etwa 15 Minuten bei Ober-Unterhitze trocknen, bis die Schwarte Blasen wirft und goldbraun ist. Abgekühlt von der Unterlage ziehen, in Stücke brechen und servieren oder den Spanferkelrücken damit dekorieren.
Die Knochen gut zugeputzt zu einer Krone drehen, fixieren, als Deko mitgrillen und für Liebhaber mitservieren.

Grilltemperatur	200–220 °C
Grillzeit	40 Minuten (Steak und Schwarte)
Grillmethode	indirekt, danach kurz direkt Farbe nehmen lassen
Bezugsquelle	Wiesbauer Gourmet

HOLZHACKERSTEAK

Zutaten

4 Scheiben Schweinsschulter mit Knochen (ca. 2 cm dick)

Für die Würzmischung

2 EL Paprikapulver edelsüß
1 EL Paprikapulver geräuchert
1 EL frisch gemahlener schwarzer Pfeffer
1 EL Salz
1/2 TL brauner Zucker
1 TL Knoblauchgranulat
1 TL Chili Powder
1/2 TL gerebelter Thymian
1/2 TL gerebelter Rosmarin
etwas Cayennepfeffer

Zubereitung

- Schweinsschulter mit Knochen vom Fleischer in 2 cm dicke Scheiben schneiden lassen, am besten geht dies angefrostet per Säge. Die Schweinsschulter sollte schon etwas gereift sein, 6–8 Tage Vakuumreifung wären ideal.
- Die Zutaten für die Würzmischung miteinander vermengen und die Holzhackersteaks damit würzen.
- Den Grill für direktes Grillen mit großer Hitze vorbereiten.
- Nun die Holzhackersteaks ca. 4–5 Minuten pro Seite bei direkter Hitze grillen, anschließend in Alufolie ca. 5 Minuten rasten lassen.

Tipp: Soll die Würzung kräftiger ausfallen, kann das Fleisch auch mit der Würzmischung und Öl mariniert und einen Tag eingelegt werden.

Grilltemperatur	**ca. 220 °C**
Grillzeit	**ca. 10 Minuten**
Grillmethode	**direkt**

KARREESTEAK IN ANANASPÜREE

Zutaten

4 Karreesteaks à ca. 150 g
Salz, schwarzer Pfeffer

Für das Ananaspüree

1 Ananas
2 Knoblauchzehen
Cayennepfeffer
1 TL gemahlener Koriander

Zubereitung

- Die Ananas schälen und den Strunk entfernen. Die Hälfte des Fruchtfleisches in dünne Scheiben schneiden, den Rest in einem Mixer pürieren.
- Knoblauch schälen und pressen, mit dem Ananaspüree vermischen und mit Cayennepfeffer und Koriander abschmecken.
- Steaks in eine Schale legen, das Ananaspüree darübergeben und zugedeckt einige Stunden im Kühlschrank ziehen lassen.
- Den Grill für direktes Grillen mit indirekter Zone vorbereiten (z. B. zwei Drittel Kohle).
- Das Ananaspüree nun von den Karreesteaks heruntergeben und zur Seite stellen, die Steaks abtupfen, salzen und pfeffern. Auf dem heißen Grill bei direkter Hitze je 1 1/2–2 Minuten pro Seite für ein schönes Grillmuster grillen.
- Anschließend in einer Gusspfanne, wiederum mit dem Ananaspüree bedeckt, indirekt bei ca. 180 °C 7–10 Minuten durchziehen lassen.
- Während die Karreesteaks durchziehen, daneben die dünnen Ananasscheiben kurz direkt grillen und anschließend zu den Steaks servieren.

Grilltemperatur	**zuerst ca. 200–220 °C, dann ca. 180 °C**
Grillzeit	**ca. 10–14 Minuten**
Grillmethode	**direkt und indirekt**

SCHOPFSTEAK ODER RIB-EYE-STEAK VOM SCHWEIN

Zutaten

4 Schopfsteaks mit Knochen, ca. 4 cm hoch
Salz, schwarzer Pfeffer
2 gepresste Knoblauchzehen
frischer Thymian

Zubereitung

- Schopf mit Knochen vom Fleischer in 4 cm starke Steaks schneiden lassen. Die Schopfsteaks sollten vor dem Grillen ca. 1 Woche gereift sein.
- Den Grill für direktes Grillen mit indirekter Zone vorbereiten (z. B. zwei Drittel Kohle).
- Die Schopfsteaks mit Salz und Pfeffer würzen und auf dem heißen Grill bei direkter Hitze 2 Minuten grillen. Die Steaks jeweils um 90° drehen, um ein schönes Grillmuster zu erzielen, weitere 2 Minuten grillen, wenden und nun ebenfalls jeweils 2 Minuten grillen wie zuvor.
- Den gepressten Knoblauch auf den Steaks verteilen, mit Thymianzweiglein belegen und bei indirekter Hitze von ca. 150 °C weitere 10–15 Minuten grillen.

Grilltemperatur	**bei 200 °C angrillen, bei ca. 150 °C fertig grillen**
Grillzeit	**ca. 8 Minuten**
Grillmethode	**direkt und indirekt**

SCHWEINSLUNGENBRATEN IM GANZEN GEGRILLT

MIT OLIVEN-PAPRIKA-VINAIGRETTE UND GEFÜLLTEN ERDÄPFELTASCHERLN

Zutaten

2 Schweinefilets à ca. 300 g (Mittelteil herausschneiden)
grobes Salz
Memphis Style Pulled Pork Rub
2 EL Butter
50 ml Sojasauce

Zubereitung

- Schweinefilets nur salzen, rundum direkt angrillen, anschließend im Rub wälzen, mit Butterflocken bestreichen und mit Sojasauce leicht einpinseln. Indirekt auf ca. 62 °C Kerntemperatur grillen, anschließend in Alufolie 8–10 Minuten rasten lassen.

Tipp: Das Rezept zum Memphis Style Pulled Pork Rub finden Sie in unserem ersten gemeinsamen Buch „Grillen mit Adi & Adi" (Seite 33).

Für die Vinaigrette

100 g fein gehackte Schalotten
1 kleine Chilischote
3 getrocknete Paradeiser
10 Oliven
1 kleiner Bund Schnittlauch
Salz, Pfeffer
etwas Limettenabrieb
Limettensaft
2 EL Olivenöl

- Schalotten fein gewürfelt in einer Pfanne auf dem Grill kurz anschwitzen. Paradeiser, Oliven, Chili fein gehackt zu den Schalotten mischen und mit Salz, Pfeffer und Limettensaft abschmecken. Limettenzesten, Olivenöl und frisch gehackten Schnittlauch kurz unter die Masse mengen, mit Olivenöl nochmals auf die Konsistenz einer Vinaigrette bringen und über dem gegrillten Fleisch verteilen.

GEFÜLLTE ERDÄPFELTASCHERL

Für den Teig

300 g Mehl
1 Prise Meersalz
150 g Butter, in kleine Würfel geschnitten
150 ml Wasser

- Alle Zutaten vermischen und zu einem festen Teig kneten.

Für die Fülle

2 gekochte und gepresste Erdäpfel
1/2 Zucchini
1 kleine Karotte
1 roter Paprika
1 Apfel
Muskatnuss
Eidotter zum Bestreichen

- Erdäpfel, Zucchini, Karotte und Paprika klein würfeln und in Öl kurz anrösten. Apfel darüberreiben, mit Salz, Pfeffer und Muskatnuss abschmecken und die Masse gut vermengen.
- Den Teig auf 8 runde Scheiben ausrollen (ca. 8 cm Durchmesser), mit Eidotter bestreichen, Erdäpfel-Gemüse-Masse darauf verteilen und zu einem Halbmond zusammenschlagen. Rand gut andrücken, nochmals mit Eidotter bestreichen und auf einem Pizzastein bei 220 °C auf jeder Seite ca. 7 Minuten grillen.

Grilltemperatur	220 °C zum Angrillen
Kerntemperatur	ca. 62 °C
Grillzeit	16–18 Minuten
Grillmethode	rundum direkt angrillen, dann indirekt grillen
Bezugsquelle	Wiesbauer Gourmet

SCHWEINSRÜCKENSTEAK VOM TULLNERFELDER SCHWEIN MIT BASILIKUM-PARADEIS-NUDELN

Zutaten

4 Schweinsrückensteaks à ca. 300 g
grobes Meersalz
guter Pfeffer Ihrer Wahl
Abrieb einer Orange
2 EL Akazienhonig
frisch gehackter Rosmarin
200 g gekochte Taglialini
200 g Cherryparadeiser
1 Bund Jungzwiebeln
100 g grob gehacktes Basilikum
100 ml Olivenöl
100 ml Gemüsefond
Salz, Pfeffer, Prise Zucker
1 fein gehackter Chili

Zubereitung

- Schweinsrückensteaks mit grobem Meersalz würzen, auf dem heißen Grill beide Seiten direkt scharf angrillen, von der Hitze nehmen, mit Honig, Rosmarin, Pfeffer und Orangenabrieb einreiben, dann auf dem Grill ca. 14 Minuten bei ca. 220 °C indirekt grillen.
- In der Zwischenzeit die Jungzwiebeln in einer Gusseisenpfanne oder im Wok kurz anschwitzen, den Chili dazugeben, die Cherryparadeiser untermischen und alles zusammen ca. 3–4 Minuten zugedeckt grillen. Mit Gemüsefond ablöschen und mit Salz, Pfeffer und Zucker abschmecken.
- Die gekochten Taglialini untermischen, mit Olivenöl übergießen und mit frisch gehacktem Basilikum bestreuen.
- Das Tullnerfelder Schweinsrückensteak in Scheiben schneiden und auf den Nudeln anrichten.

Tipp: Man kann auch andere Nudeln eigener Wahl verwenden.

Grilltemperatur	**ca. 250–300 °C, dann ca. 220 °C**
Grillzeit	**18 Minuten**
Grillmethode	**direkt und indirekt**
Bezugsquelle	**Wiesbauer Gourmet**

SPEZIAL-KARREESTEAK

Zutaten

4 Karreesteaks mit Fettrand ohne Schwarte, ca. 2,5 cm dick
Adi Matzeks Kotelett-Grillgewürz

Zubereitung

- Das Karree mit Fettauflage ohne Schwarte vom Fleischer in 2,5 cm starke Steaks schneiden lassen. Die Karreesteaks sollten vor dem Grillen ca. 1 Woche gereift sein.
- Den Fettrand der Karreesteaks rautenförmig einschneiden und die Steaks würzen.
- Den Grill für direktes Grillen vorbereiten.
- Die Karreesteaks senkrecht mit dem Fettrand nach unten in einem Ripperlhalter oder mit der Grillzange aufgestellt über direkter Hitze angrillen. Anschließend flächig über direkter Hitze 2 Minuten grillen, die Steaks um 90° drehen, um ein schönes Grillmuster zu erhalten, weitere 2 Minuten grillen, wenden und nun ebenfalls jeweils 2 Minuten grillen wie zuvor.
- Falls zu viel Fett abtropfen sollte, die Steaks umplatzieren.
- Nach dem Grillen die Karreesteaks in Alufolie gewickelt einige Minuten nachrasten lassen.

Grilltemperatur	**ca. 220 °C**
Grillzeit	**ca. 8 Minuten**
Grillmethode	**direkt**

Lamm Geflügel Kaninchen & Wild

LAMMKEULEN-STEAK MIT COLESLAW „EINMAL ANDERS“
LAMMKRONEN-DOPPELSTICKS
LAMMKRONEN-STEAK
LAMMMEDAILLON MIT HAD’NREIS
PUTENSTEAK MIT BABY-ANANAS UND COUSCOUS
PUTENSTEAKS
KANINCHENSTEAK MIT KARAMELLISIERTEN KAROTTEN
GEGRILLTES REHRÜCKENSTEAK MIT SÜSSERDÄPFEL-BASILIKUM-GRATIN
HIRSCHSTEAK MIT GEFÜLLTEM APFEL

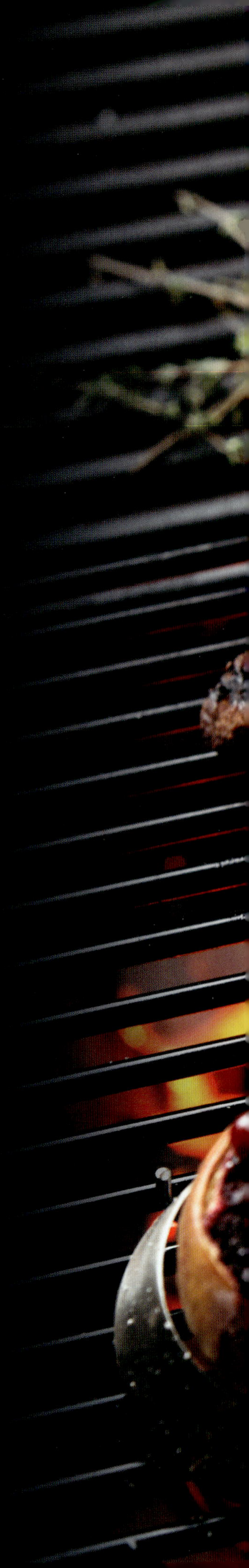

LAMMKEULEN-STEAK
MIT COLESLAW „EINMAL ANDERS"

Zutaten

4 Lammkeulensteaks à 200–220 g, aus dem Schlögel geschnitten
4 Rosmarinzweige
1 Chili
grobes Meersalz
guter Pfeffer Ihrer Wahl
12 kleine vorgekochte Erdäpfel
200 g geputzte Jungzwiebeln
4 geschälte Karotten
1 kleines Happel Weißkraut, in feine Streifen geschnitten
etwas Öl
2 EL Sojasauce
2 EL Honig
2 fein gehackte Knoblauchzehen
2 EL fein geriebener Ingwer
4 EL Reisessig
4 EL dunkles Sesamöl
Saft einer Limette
Petersilie oder Koriander zum Garnieren

Zubereitung

- Die Lammkeulensteaks einsalzen und auf dem Grill bei hoher Hitze beidseitig je 2 Minuten angrillen, pfeffern, mit Rosmarinzweigen belegen und gehackten Chili darauf verteilen. Etwas Olivenöl daraufgeben und indirekt ca. 12 Minuten fertig grillen.
- Die Erdäpfel indirekt dazulegen und mitgrillen.
- Die Weißkrautstreifen mit etwas Öl abkneten, die geputzten Jungzwiebeln und die Karotten in feine Streifen schneiden und zum Kraut mischen. Honig, Reisessig, Sesamöl, Sojasauce und Limettensaft verrühren, geriebenen Ingwer und Knoblauch dazugeben und alles gut unter das Kraut mischen; ca. 1/2 Stunde ziehen lassen. Abschmecken und mit frischer Petersilie oder Koriander garnieren.
- Die Lammkeulensteaks mit dem Coleslaw-Salat servieren.

Tipp: Chilis längs halbieren, durch Olivenöl ziehen und das Steak damit einreiben.

Grilltemperatur	**250 °C**
Grillzeit	**ca. 16 Minuten**
Grillmethode	**direkt angrillen, indirekt fertig grillen**
Bezugsquelle	**Wiesbauer Gourmet**

LAMMKRONEN-DOPPELSTICKS

Zutaten

ca. 800 g Lammkrone
2 Knoblauchzehen
Kräuter der Provence
Salz, schwarzer Pfeffer
300 g Prinzess-Fisolen
8 Blatt Speck

Zubereitung

- Knoblauch pressen, Lammkrone mit Knoblauch, Kräutern der Provence, Salz und Pfeffer einreiben und im Kühlschrank einige Stunden ziehen lassen.
- Fisolen putzen und in Salzwasser blanchieren. Abtropfen lassen, in vier Päckchen teilen und mit Speck umwickeln.
- Den Griller für direktes Grillen vorbereiten.
- Lammkrone ca. 6 Minuten lang rundherum bei direkter hoher Hitze grillen. In Alufolie gewickelt ca. 4 Minuten rasten lassen.
- Während der Rastphase die Speckfisolen rundherum direkt grillen.
- Die Lammkrone jeweils zwischen jeder zweiten Rippe in Doppelsticks schneiden und mit den Speckfisolen servieren.

Tipp: Wer den Eigengeschmack des Lamms nicht so schätzt, kann sich bei der Würzung auch mit Adi Matzeks Steakgewürz in sparsamer Zugabe behelfen.

Grilltemperatur	**ca. 200–250 °C**
Grillzeit	**ca. 6 Minuten**
Grillmethode	**direkt**

LAMMKRONEN-STEAK

Zutaten

2 Lammkronen à 300 g
grobes Meersalz
guter Pfeffer Ihrer Wahl
fein gehackter Rosmarin
8 Rosmarinzweige
Olivenöl
12 speckige Erdäpfel, in der Schale gekocht
2 Zucchini
4 Scheiben Kräuterbutter
1 roter und 1 gelber Chili zum Mitgrillen

Zubereitung

- Die Lammkronen von Sehnen und Parüren befreien, mit Meersalz, Pfeffer, Rosmarin und Olivenöl einreiben, das Fleisch von den Knochen abschaben und die Kronen auf einen Ring zusammenrollen. Mit einem Holzspieß oder Küchengarn fixieren und die Knochen mit Alufolie einpacken, damit sie beim Grillen nicht verbrennen.
- Den Griller auf 240–250 °C vorheizen. Die Kronen indirekt auflegen und auf eine Kerntemperatur von 56–58 °C grillen. Je ein Rosmarinzweigerl mit einer Speckscheibe einwickeln, die Erdäpfel mit der Schale leicht quetschen, beides indirekt mitgrillen. Die Zucchini mit einem Chartreuse-Messer (Wellenschliff) in ca. 1 cm dicke Scheiben schneiden, einsalzen und ca. 10 Minuten liegen lassen. Mit Olivenöl einschmieren und auch indirekt auflegen.
- Chilis am spitzen Ende auffächern, durch Olivenöl ziehen, die Zucchini beträufeln und Chilis auf die Zucchini auflegen und indirekt mitgrillen.
- Nach der Grillzeit die Lammkronen mit Erdäpfeln, Zucchini und Chilis anrichten, mit Kräuterbutter belegen und servieren.

Tipp: Darauf achten, dass die Kronenknochen gleich lang sind, eventuell mit einem Hackmesser auf die gleiche Länge bringen. Beim Grillen unbedingt mit Alufolie umwickeln, damit sie nicht schwarz werden.

Grilltemperatur	**240–250 °C**
Kerntemperatur	**56–58 °C**
Grillzeit	**18–20 Minuten**
Grillmethode	**indirekt**
Bezugsquelle	**Wiesbauer Gourmet**

LAMMMEDAILLON MIT HAD'NREIS

Zutaten

8 Lammmedaillons à 60–80 g, vom Rückenfilet geschnitten
grobes Meersalz
Zitronenpfeffer
fein gehackter Thymian
2 EL Olivenöl
8 dünne Scheiben Speck
8 Salbeiblätter

Zubereitung

- Geschnittene Lammmedaillons leicht plattieren, um schöne kleine Medaillons zu erhalten, mit Salz, Zitronenpfeffer, Olivenöl und Thymian marinieren, die Salbeiblätter auf dem Fleisch verteilen und mit Speckscheiben fest umwickeln (für eine stabile Form). Auf dem vorgeheizten Grill bei 220 °C beidseitig kurz angrillen.
- Danach indirekt fertig grillen; Kerntemperatur: ca. 58–62 °C oder nur mittels Druckprobe je nach Belieben bis zum gewünschten Garpunkt grillen und anschließend kurz rasten lassen.

Grilltemperatur	**220 °C**
Kerntemperatur	**ca. 58–62 °C**
Grillzeit	**8–10 Minuten**
Grillmethode	**direkt und indirekt**
Bezugsquelle	**Wiesbauer Gourmet**

HAD'NREIS

Zutaten

100 g Had'nreis (geschälter Buchweizen)
1 kleinwürfelig geschnittene Karotte
1 fein gehackte Zwiebel
2 Knoblauchzehen
1 Spritzer Zitronensaft
200 ml Gemüsefond
1 EL Öl
Salz und Pfeffer

Für den Salat

200 g Rucola zum Garnieren
Saft einer 1/2 Zitrone
2 EL Olivenöl
2 EL Sauerrahm

- Den Had'nreis in einer Pfanne trocken rösten und stark erhitzen, er darf sich aber nicht braun verfärben. Öl und Zwiebel dazugeben und kurz mitrösten. Karotte durchrösten, kurz mit Gemüsefond ablöschen, Zitronensaft und gepressten Knoblauch zugeben, salzen, pfeffern, unter ständigem Rühren ca. 10–12 Minuten weich dünsten und die restliche Flüssigkeit untergießen.
- Den Rucolasalat mit Salz, Pfeffer, Zitronensaft, Olivenöl und Sauerrahm marinieren und den Teller damit ausgarnieren.
- Die fertig gegrillten Lammmedaillons darauf oder daneben anrichten.

Tipps: Parmesanflocken unter die Masse heben, mit einem Ring auf dem Teller anrichten und mit Rucolasalat garnieren.
Den Had'nreis bekommen Sie z. B. unter www.wildgatter.at (Schloss Leifling).

PUTENSTEAK MIT BABY-ANANAS UND COUSCOUS

Zutaten

4 Baby-Ananas
200 ml Ananassaft
50 g brauner Zucker
2 EL fein gehackter Rosmarin
16 Zucchinischeiben, der Länge nach geschnitten (den Rest der Zucchini für den Couscous aufheben)
8 Putensteaks à ca. 120 g
Salz, Pfeffer
Prise Curry
Sambal Oelek
2 EL Sesamöl

Für den Couscous

200 g Couscous
1 kleiner Bund fein geschnittene Jungzwiebeln
1 fein gehackte Chilischote
restliche Zucchini fein gehackt
200 ml Gemüsefond

Equipment

evtl. 8 Holzspieße zum Fixieren

Zubereitung

- Ananassaft und braunen Zucker zu einem honigartigen Sirup kochen. Je 2 Zucchinischeiben hintereinander auflegen, leicht einsalzen, mit Küchenrolle trocken tupfen und mit dem Ananas-Zucker-Sirup einstreichen.
- Putensteaks mit Salz, Pfeffer, Curry, Sambal Oelek und Sesamöl würzen und einreiben, Steaks mit je 2 Zucchinischeiben einrollen und mit Holzspießen fixieren.
- Die Baby-Ananas schälen, den Strunk entfernen, rundum angrillen und ca. 20 Minuten indirekt weitergrillen, damit der Fruchtzucker der Ananas karamellisieren kann und deren Geschmack verstärkt wird.
- Den Couscous in einer Pfanne trocken kurz rösten, Jungzwiebeln, Zucchini und Chili kurz mitrösten, mit 200 ml Gemüsefond aufgießen, salzen, pfeffern und durchziehen lassen.
- Den fertigen Couscous in die Ananas füllen und etwas pressen, dann warm stellen. Die Putensteaks bei direkter Hitze angrillen. Aufpassen, dass sie nicht zu schnell dunkel werden. Indirekt auf eine Kerntemperatur von 64–65 °C grillen und anschließend in Alufolie ziehen lassen.

Tipp: Steaks nicht zu lange grillen, sondern lieber in der Folie noch nachziehen lassen, damit sie nicht zu trocken werden.

Grilltemperatur	**180–200 °C**
Kerntemperatur	**64–65 °C**
Grillzeit	**8–10 Minuten**
Grillmethode	**zuerst direkt pro Seite 2 Minuten, indirekt fertig grillen**
Bezugsquelle	**Wiesbauer Gourmet**

PUTENSTEAKS

Zutaten

800 g Putenbrust
1 Brokkoli
1 Karfiol
1 Romanesco
2 mittelgroße Karotten
2 EL Öl
Adi Matzeks Gemüse-Grillgewürz
200 g Feta-Schafkäse

Zubereitung

- Die Putenbrust in dicke Steaks schneiden und mit Spagat 5 cm hoch binden.
- Den Grill für direktes Grillen mit indirekter Zone vorbereiten (z. B. ein Drittel/zwei Drittel-Stellung).
- Das Gemüse putzen, das Kohlgemüse in kleine Röschen teilen, die Karotten in Scheiben schneiden.
- Eine Gusspfanne über der Glut erhitzen, das Gemüse in der Pfanne gut anrösten, mit Gemüse-Grillgewürz würzen. Schafkäse über das Gemüse reiben und in der Pfanne bei indirekter Hitze gratinieren.
- Die Putensteaks mit Gemüse-Grillgewürz würzen und bei direkter Hitze je 2 Minuten pro Seite grillen. Anschließend bei indirekter Hitze weitere 10 Minuten grillen.
- Die Putensteaks mit dem gratinierten Grillgemüse servieren.

Grilltemperatur	**ca. 220 °C**
Grillzeit	**ca. 14 Minuten**
Grillmethode	**direkt und indirekt**

KANINCHENSTEAK
MIT KARAMELLISIERTEN KAROTTEN

Zutaten

8 Kaninchenfilets
8 dünne Zucchinischeiben
4 EL Olivenöl
grobes Meersalz
guter Pfeffer Ihrer Wahl
100 g Schweinsnetz

Für die Karotten

600 g Karotten (nicht zu dick)
4 Stück fein gehackte Knoblauchzehen
200 g gehackte Petersilie
Saft und Abrieb einer Zitrone
50 g Butter
2 EL Raps- oder Olivenöl
etwas brauner Zucker

Zubereitung

- Die Kaninchenrückenfilets leicht plattieren, mit Olivenöl bestreichen, salzen, pfeffern, mit jeweils einer Zucchinischeibe belegen, je 2 Filets hintereinanderlegen und zu einer Schnecke drehen.
- Anschließend ins Schweinsnetz einschlagen, damit die Form erhalten bleibt, den vorgeheizten Grill gut einölen, die Steaks direkt pro Seite je 2 Minuten angrillen und indirekt ca. 14 Minuten fertig grillen. Zwischendurch kann man die Kaninchensteaks mit Olivenöl beträufeln, damit sie nicht zu trocken werden.
- Für die Karotten eine feuerfeste Form mit Öl ausstreichen, die Karotten hineinschlichten, mit Salz und Pfeffer würzen, mit Folie abdecken und indirekt 30–40 Minuten grillen (schmoren), bis sie weich sind. Knoblauch, Petersilie, Zitronensaft, flüssige Butter und braunen Zucker vermischen und über die weichen Karotten verteilen. Kurz den Deckel schließen und übergrillen.
- Anschließend die fertigen Kaninchensteaks mit den Karotten servieren.

Tipp: Man kann auch Wildhasenfilets auf diese Art zubereiten und zum Würzen der Karotten verschiedene Kräuter oder Gewürzpasten verwenden.

Grilltemperatur	**220–240 °C**
Grillzeit	**ca. 18 Minuten**
Grillmethode	**direkt angrillen, indirekt fertig grillen**
Bezugsquelle	**Wiesbauer Gourmet**

GEGRILLTES REHRÜCKENSTEAK MIT SÜSSERDÄPFEL-BASILIKUM-GRATIN

Zutaten

4 Rehrückenfilets à 180 g,
aus dem Rücken geschnitten
grobes Meersalz
2 EL Adis Wild-Rub
2 EL Olivenöl
2 geschälte Süßerdäpfel
2 EL Rapsöl
1 fein gehackter Chili
3 fein gehackte Knoblauchzehen
125 ml Milch
125 ml Obers
Saft und Abrieb von einer Limette
Salz, Pfeffer
frisches Basilikum in Streifen
4 EL gehackte Erdnüsse

Zubereitung

- Rehrücken salzen, direkt beidseitig je 1 Minute angrillen, mit Olivenöl einpinseln, im Wild-Rub wälzen und indirekt ca. 12 Minuten auf eine Kerntemperatur von 58 °C grillen.
- Die Süßerdäpfel in 3–4 mm dicke Scheiben schneiden, in einer emaillierten Bratpfanne dachziegelförmig im Kreis auflegen und kurz 10 Minuten indirekt angrillen.
- Obers, Milch, Abrieb und Saft der Limette, Salz, Pfeffer, Erdnüsse und Chili vermischen, über die Süßerdäpfelscheiben leeren und 10–15 Minuten fertig grillen. Mit Basilikum bestreuen und das Rehrückensteak daraufsetzen und servieren.

Tipp: Das zarte Rehfleisch nur kurz angrillen und dann indirekt grillen oder in der Folie ziehen lassen.

Grilltemperatur	200–250 °C
Kerntemperatur	58 °C
Grillzeit	ca. 14 Minuten
Grillmethode	direkt angrillen, indirekt fertig grillen
Bezugsquelle	C+C Pfeiffer, Jäger Ihres Vertrauens

HIRSCHSTEAK MIT GEFÜLLTEM APFEL

Zutaten

4 Hirschrückensteaks à 200 g, aus dem Rückenfilet geschnitten
grobes Meersalz
guter Pfeffer Ihrer Wahl
12 Thymianzweigerl
2 EL Olivenöl
1 Msp. gemahlener Wacholder
4 mittelgroße Äpfel
200 g fertig gekochtes Rotkraut
4 EL Preiselbeeren

Zubereitung

- Hirschrückensteaks mit grobem Meersalz würzen, auf dem Grill je Seite 1 Minute direkt scharf angrillen, ca. 10 Minuten indirekt legen, mit Pfeffer aus der Mühle und Wacholder bestreuen, mit Thymianzweigen belegen und mit Olivenöl beträufeln.
- Die Äpfel oben abschneiden und so aushöhlen, dass nur eine dünne Wand übrig bleibt, und dann mit dem fertigen Rotkraut füllen. Die Äpfel auf Nirosta-Ringe stellen und so fixiert bei 200 °C ca. 20 Minuten indirekt grillen. Anschließend auf das Rotkraut je 1 EL Preiselbeeren geben und mit dem Hirschrücken zusammen servieren.

Tipp: Die Nirosta-Ringe sind ein nützliches Zubehör und können bei Barbecue point (www.barbecue-point.at) bestellt werden.

Grilltemperatur	**200–250 °C**
Grillzeit	**ca. 12 Minuten**
Grillmethode	**direkt und indirekt**
Bezugsquelle	**Wiesbauer Gourmet oder ein Jäger Ihres Vertrauens**

Fisch & Exoten

STEAK VOM BUTTERFISCH MIT GEMÜSEPFANNE
BUTTERFISCHSTEAK MIT PARADEISRAGOUT
GARNELENBURGER MIT AVOCADO UND SPECK
LACHSSTEAK AUF ZEDERNHOLZBRETT
MIT KÄFERBOHNENSALAT
THUNFISCHSTEAK MIT JUNGZWIEBELRISOTTO
THUNFISCHSTEAK KURZ GEGRILLT MIT SEEALGENSALAT
BISONSTEAK MIT MAISKUCHEN UND MAISKOLBEN
KÄNGURU-STEAK
KROKODIL-STEAK MIT GURKEN-KAROTTEN-SALAT
STRAUSSENSTEAK
ANANASSTEAK
PARTYSTEAK MIT MIXED PICKLES
GEMÜSESTEAK

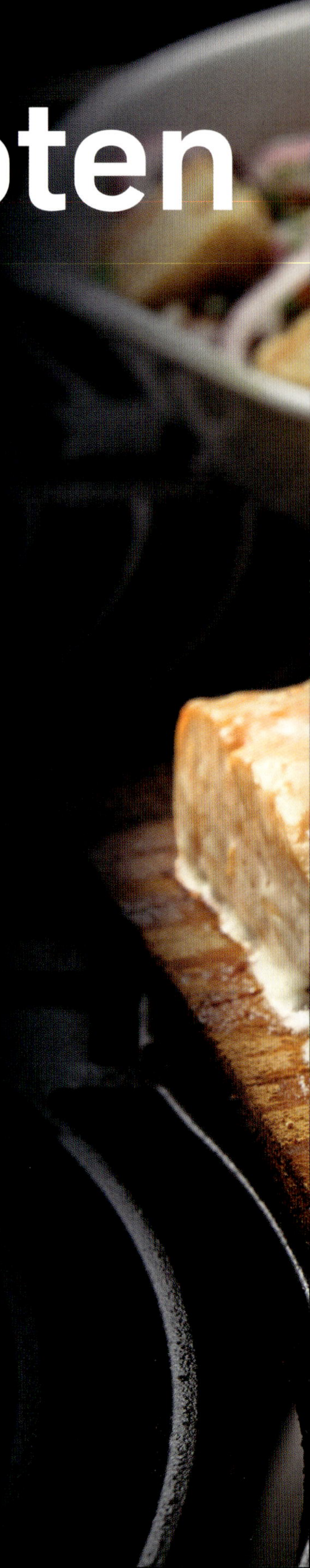

STEAK VOM BUTTERFISCH MIT GEMÜSEPFANNE

Zutaten

4 Butterfischsteaks à 200 g
grobes Meersalz
guter Pfeffer Ihrer Wahl
Saft und Zesten von 1 Zitrone
2 vorgekochte geschälte Süßerdäpfel, in dicke Scheiben geschnitten
200 g Cherryparadeiser
8 Speckscheiben
100 g Maiskörner
4 Thymianzweigerl
2 in Scheiben geschnittene rote Zwiebeln
1 Prise brauner Zucker
Salz, Zitronenpfeffer
Olivenöl

Zubereitung

- Butterfischsteaks mit grobem Meersalz würzen und auf dem Grillrost beidseitig bei 220 °C scharf angrillen; herausnehmen und pfeffern, die Süßerdäpfelscheiben ebenfalls auf beiden Seiten scharf angrillen.
- In einer Grillpfanne oder im Gemüsekorb die Cherryparadeiser mit den Zwiebeln in etwas Olivenöl kurz angrillen, mit braunem Zucker, Salz und Zitronenpfeffer bestreuen und mit Zitronensaft beträufeln. Alles kurz gut durchrösten und die Maiskörner mitrösten.
- Die Speckscheiben indirekt knusprig angrillen.
- Den Fisch mit Thymianzweigen belegen, mit den Süßerdäpfeln in die Pfanne zum Gemüse geben und zugedeckt ca. 8–10 Minuten indirekt fertig grillen. Danach den Fisch mit Olivenöl und Zitronenzesten aromatisieren.

Tipp: Der Butterfisch sollte innen noch glasig sein; in Frankreich werden die Fische auf 48 °C Kerntemperatur gegrillt, bei uns in Österreich auf bis zu 56 °C.

Grilltemperatur	**220 °C**
Grillzeit	**10–12 Minuten**
Grillmethode	**direkt beidseitig je 1 Minute, dann indirekt**

BUTTERFISCHSTEAK MIT PARADEISRAGOUT

Zutaten

4 Butterfischsteaks à ca. 200–250 g
Salz, schwarzer Pfeffer
1 Limette
500 g bunte Cocktailparadeiser
3 EL Balsamico bianco
Basilikum

Zubereitung

- Den Grill für direktes Grillen vorbereiten.
- Butterfischsteaks mit Limettensaft beträufeln, mit Salz und Pfeffer würzen. Cocktailparadeiser halbieren. Basilikum in feine Streifen schneiden.
- Butterfischsteaks bei direkter Hitze ca. 2 Minuten pro Seite grillen, der Butterfisch sollte glasig gegrillt werden.
- Paradeiserhälften in einer Grilltasse oder einer Gusspfanne bei direkter Hitze etwas anschmurgeln, mit Balsamico bianco ablöschen, salzen und pfeffern und zum Schluss die Basilikumstreifen untermengen und mit den Butterfischsteaks servieren.

Grilltemperatur	**ca. 230 °C**
Grillzeit	**ca. 4 Minuten**
Grillmethode	**direkt**

GARNELENBURGER MIT AVOCADO UND SPECK

Zutaten

400 g fein gehackte Garnelen (8–12 Stück)
Saft und Zesten von 1 Limette
4 EL Olivenöl
50 g fein gehackte Minze
fein gehackter Chili
2 Dotter
4 EL QimiQ classic
2 in Scheiben geschnittene Avocados
Balsamico und Olivenöl zum Marinieren
Salz und Pfeffer aus der Mühle
fein gewürfelte Avocadoreste
100 g Friséesalat
8 Speckscheiben
4 Burgerweckerl (Meet & Ball)
Senf, Zitronensaft

Zubereitung

- Garnelen mit Limettensaft, Olivenöl, Minze, Chili und Dotter gut vermischen. 4 Burgerlaibchen formen, auf dem vorgeheizten Grill auf einer Gusseisenplatte beidseitig scharf angrillen und ca. 8–10 Minuten indirekt fertig grillen.
- Speckscheiben indirekt auf dem Rost knusprig grillen, Burgerweckerl halbieren, kurz mitgrillen und den unteren Teil auf ein Teller setzen. Die gewürfelten Avocadoreste mit Balsamico und Olivenöl marinieren und mit etwas Friséesalat abmischen, auf das Weckerl geben, den Garnelenburger daraufsetzen, mit Speckscheiben belegen und je 2 Avocadoscheiben darauf platzieren.
- QimiQ mit Salz, Pfeffer, Senf und Zitronensaft glatt rühren, mit den Limettenzesten über dem Burger verteilen und mit dem Deckel abschließen.

Tipp: Mit selbst gebackenen Weckerln wird dieser Burger zum absoluten Hit.

Für die Weckerl

3 EL warme Milch
200 ml warmes Wasser
2 TL Trockenhefe oder 1 Eckchen frische Hefe
2 1/2 EL Zucker
2 Eier (Größe M)
500 g glattes Mehl Typ 480
1 1/2 TL Salz
80 g weiche Butter
Sesam

- Das Mehl in eine Schüssel geben und eine Vertiefung eindrücken. Die warme Milch, Zucker und Hefe hineingeben und ca. 1/2 Stunde stehen lassen. Wenn die Flüssigkeit beginnt, Blasen zu werfen, Salz, Butter und Eier dazugeben und zu einem glatten Teig kneten. An einem warmen Platz zugedeckt gehen lassen. Nochmals abkneten und 1/2 Stunde gehen lassen.
- Dann die Teiglinge (120 g) abwiegen und Laibchen formen, mit Wasser bestreichen, Sesam daraufstreuen und gleich indirekt auf dem heißen Pizzastein golden grillen.

Grilltemperatur	**180–200 °C**
Grillzeit	**10–12 Minuten**
Grillmethode	**je Seite je 1 Minute direkt, dann indirekt**

LACHSSTEAK AUF ZEDERNHOLZBRETT MIT KÄFERBOHNENSALAT

Zutaten

4 Lachssteaks à 200 g
4 Zitronenscheiben
4 Thymianzweige
grobes Meersalz
Zitronenpfeffer

Für den Käferbohnensalat

400 g Käferbohnen, frisch gekocht oder aus der Dose
200 g gehackte Zwiebeln
100 g geschnittener Schnittlauch
2 Scheiben Weißbrot in Würfeln
Salz, Pfeffer
100 ml Kernöl oder Öl Ihrer Wahl
Prise Zucker
2 EL Balsamicoessig

Equipment

Zedernholzbrett, für ca. 1/2 Stunde eingeweicht

Zubereitung

- Lachssteak auf das Zedernholzbrett legen, mit Salz und Zitronenpfeffer würzen, Zitronenscheiben und Thymianzweige darauflegen, auf dem vorgeheizten Grill das Zedernholz direkt auflegen, bis es zu glosen und knistern beginnt, den Deckel schließen und ab diesem Zeitpunkt ca. 8–10 Minuten weitergrillen. Dabei sollte man immer eine Sprühflasche mit Wasser bereithalten, falls das Brett zu brennen beginnt. Das Zedernholzbrett aromatisiert wunderbar den Lachs.
- Die fein gehackten Zwiebeln und den Schnittlauch mit Zucker und Balsamico verrühren, Salz, Pfeffer und Kernöl dazugeben, die Käferbohnen kurz erwärmen, in die Marinade legen und zugedeckt ziehen lassen. Die Weißbrotwürfel in der Pfanne kurz knusprig grillen und über dem Salat verteilen.

Tipp: Für eventuellen Brand des Holzbretts Sprühflasche mit Wasser oder andere Löschmöglichkeit bereithalten.

Grilltemperatur	**250 °C**
Grillzeit	**16 Minuten**
Grillmethode	**direkt auf dem Zedernholzbrett**

THUNFISCHSTEAK MIT JUNGZWIEBELRISOTTO

Zutaten

1 Bund Jungzwiebeln
350 g Risotto- oder Rundkornreis
1 Knoblauchzehe
2 EL Olivenöl
1/8 l Weißwein
1 unbehandelte Orange
Gemüsesuppe
etwas Butter
Parmesan nach Geschmack
Basilikum
4 Thunfischsteaks
mit ca. 3 cm Schnittstärke
Salz, schwarzer Pfeffer

Zubereitung

- Orange waschen, Schale abreiben, danach die Orange auspressen. Orangenabrieb und Saft aufbewahren.
- Frühlingszwiebeln putzen, das Grün in Ringe schneiden, den Rest vierteln. Knoblauchzehe fein schneiden.
- Den Reis in Olivenöl mit dem Knoblauch andünsten, dann auch die Frühlingszwiebeln zugeben, das Grün zurückbehalten. Mit Weißwein ablöschen, Gemüsesuppe und Orangensaft nach und nach zugießen, zwischendurch immer wieder gut umrühren und dann den Deckel wieder auflegen.
- Zum Schluss das Frühlingszwiebelgrün zugeben, Orangenabrieb und Butter zufügen und mit Salz und Pfeffer abschmecken. Je nach Geschmack Parmesan unterziehen und mit in Streifen geschnittenem Basilikum garnieren.
- In der Zwischenzeit die Thunfischsteaks mit Salz und frisch gemahlenem schwarzem Pfeffer würzen.
- Den Grill für direktes Grillen mit hoher Hitze vorbereiten.
- Den Thunfisch auf dem heißen Grill über direkter Hitze pro Seite jeweils ca. 2 Minuten grillen. Er sollte in der Mitte noch glasig sein.
- Die Thunfischsteaks mit dem Jungzwiebelrisotto servieren.

Grilltemperatur	**ca. 220 °C**
Grillzeit	**ca. 4 Minuten**
Grillmethode	**direkt**

THUNFISCHSTEAK
KURZ GEGRILLT MIT SEEALGENSALAT

Zutaten

2 Thunfischsteaks à 400 g
grobes Meersalz
200 g Wakame (Seealgensalat) (im Asia-Shop oder Fischgroßhandel erhältlich)
100 g flüssige Butter
100 g Sesamöl
2 EL Sojasauce
2 fein gehackte Knoblauchzehen
1 fein gehackter Chili
Saft und Abrieb von 1 Limette
3 EL Fischsauce (Asia-Shop)

Zubereitung

- Für die Marinade flüssige Butter mit Sesamöl, Sojasauce, Limettensaft und -abrieb, Fischsauce, Knoblauch und Chili gut vermischen und das Steak 2–4 Stunden bei Zimmertemperatur darin durchziehen lassen.
- Das Thunfischsteak herausnehmen, trocken tupfen, auf dem Grill beidseitig scharf je 2 Minuten angrillen, indirekt 4 Minuten fertig grillen. Vom Grill nehmen und mit grobem Meersalz bestreuen.

Für die Vinaigrette

1 roter und 1 gelber Paprika, kleinwürfelig geschnitten
100 g fein gehackter Koriander
Salz, Pfeffer
Saft von 1/2 Zitrone
4 EL Sesamöl
1 EL fein gehackter Ingwer

- Alle Zutaten gut verrühren, es soll eine sämige Vinaigrette entstehen.
- Thunfischsteak in Scheiben schneiden, auf Seealgensalat setzen und mit der Vinaigrette garnieren.

Tipp: Das Thunfischsteak sollte beim Servieren innen roh, aber lauwarm sein.

Grilltemperatur	220–250 °C
Grillzeit	max. 8 Minuten
Grillmethode	direkt und indirekt

BISONSTEAK MIT MAISKUCHEN UND MAISKOLBEN

Zutaten

4 Bisonsteaks à 200 g
grobes Meersalz
fein gehackter Rosmarin
4 Butterflocken
guter Pfeffer Ihrer Wahl
200 g Mais (frisch oder tiefgekühlt)
Salz, Muskatnuss
Prise gemahlener Kümmel
Msp. Curry
1/2 fein gehackter Chili
100 g fein gehackte Jungzwiebeln
250 ml Milch
200 g Mehl
4 vorgekochte ganze Maiskolben

Zubereitung

- Steaks nur leicht salzen, auf Gas- oder Kohlegriller direkt bei 250 °C pro Seite ca. 3 Minuten grillen, pfeffern, mit fein gehacktem Rosmarin und einem Stück Butter belegen und 4–6 Minuten indirekt weitergrillen, bis zu einer Kerntemperatur von 56 °C.
- Für die Maisküchlein auf dem Seitengrill einen Topf oder eine Pfanne aufstellen und etwas Öl darin erhitzen. Maiskörner, Gewürze und Jungzwiebeln abmischen, aus Milch und Mehl einen glatten Teig rühren, Maismischung dazugeben und gut abrühren. Mit einem Löffel kleine Küchlein in das heiße Öl setzen und herausbacken, pro Seite ca. 40–50 Sekunden lang. Vorsicht, dass das Öl nicht zu heiß wird! Die Küchlein herausnehmen und auf dem Grill abtropfen lassen.
- Die vorgekochten Maiskolben mit Butter leicht einreiben, salzen und auf dem Grill rundherum zu schöner Farbe grillen, eventuell dann nochmals Butter darübergeben.
- Das Bisonsteak mit den Maisküchlein und den Maiskolben anrichten und servieren.

Grilltemperatur	250 °C
Kerntemperatur	56 °C
Grillzeit	ca. 10–12 Minuten
Grillmethode	direkt und indirekt
Land	USA
Bezugsquelle	Wiesbauer Gourmet

KÄNGURU-STEAK

Zutaten

4 Känguru-Steaks à ca. 200 g
2 EL grüner Pfeffer aus der Lake
Limettenöl
grobes Meersalz
2 fein gehackte Schalotten
100 g Maiskörner
100 g fein gewürfelter Speck
8 fein gehackte Thymianzweige
100 ml Kokosmilch
Prise brauner Zucker
1 EL Kokosraspeln

Zubereitung

- Känguru-Steaks mit grobem Meersalz würzen und 2–3 Stunden in die Kokosmilch einlegen. Herausnehmen, scharf auf dem heißen Grill je Seite 2 Minuten direkt angrillen, dann in der indirekten Zone auf 58 °C Kerntemperatur grillen. Mit Limettenöl beträufeln, mit gutem Pfeffer Ihrer Wahl bestreuen und in der Folie noch etwas durchziehen lassen.
- Auf dem Seitenkocher eine Gusseisenpfanne erhitzen. Speckwürfel anrösten (das Fett brät sich aus), Schalotten mitrösten und Maiskörner dazugeben. Alles durchschwenken, salzen, pfeffern, mit der Kokosmarinade untergießen, den Thymian beigeben und mit einer Prise braunem Zucker abschmecken. Kurz köcheln lassen. Die Kokosraspeln darüberstreuen und grüne Pfefferkörner aus der Lake darauf verteilen. Die Känguru-Steaks in Scheiben schneiden und auf dem Gemüse servieren. Gegrillte Süßerdäpfelscheiben als Beilage reichen.

Tipps: Mit geraspelter Kokosnuss kann man dem Gericht eine frische Note verleihen.
Das Känguru-Steak kann in Buttermilch über Nacht im Kühlschrank mariniert werden.

Grilltemperatur	250–280 °C
Kerntemperatur	58 °C
Grillzeit	8 Minuten
Grillmethode	direkt und indirekt
Land	Australien
Bezugsquelle	Wiesbauer Gourmet

KROKODIL-STEAK MIT GURKEN-KAROTTEN-SALAT

Zutaten

2 Krokodilfilets à ca. 500 g
grobes Meersalz
Saft von 1 Limette
guter Pfeffer Ihrer Wahl
fein gehackte, geröstete Zwiebel
schwarzer Sesam
4 EL Olivenöl
Zitronenscheiben

Für die Marinade

1 Limette
1 Schalotte
Currypulver
Rapsöl
Salz, Ingwer, Honig

Für den Salat

2 geschälte Karotten
1 Salatgurke
Salz, Zucker
2 zerdrückte Knoblauchzehen

Zubereitung

- Krokodilfilets bestehen aus reinem Muskelfleisch, das heißt, sie enthalten kaum Fett und sollten daher sehr kurz und heiß gegrillt werden. Es empfiehlt sich, Krokodilfilets im Ganzen über Nacht in die Marinade einzulegen. Für die Marinade alle Zutaten miteinander vermischen.
- Die Filets bei direkter Hitze rundum scharf angrillen, dann mit Olivenöl und Limettensaft beträufeln und in Alufolie rasten lassen, der Kern soll noch glasig sein.
- Kleine Stücke vom Krokodilsteak eignen sich wunderbar für einen Spieß. Leicht einsalzen, beidseitig rasch angrillen und mit Pfeffer aus der Mühle, fein gehackter, gerösteter Zwiebel und etwas schwarzem Sesam bestreuen und in der Folie nachziehen lassen.
- Für den Salat die Karotten mit dem Sparschäler in dünne Streifen hobeln, die Gurke halbieren, entkernen, ebenfalls in dünne Streifen hobeln, leicht einsalzen und ca. 20 Minuten ziehen lassen. Das Gemüse dann leicht ausdrücken und mit Salz, Zucker, Knoblauch und Olivenöl abschmecken.
- Das Krokodilsteak aus der Folie nehmen, in Scheiben schneiden und mit Zitronenspalten und geröstetem Sesam garnieren.
- Auf unserem Foto sieht man sehr schön, dass wir verschiedene Chilis auf einem Chilihalter mitgegrillt haben und für feurige Männer die heißen Chilis dazuservieren.

Tipp: Krokodilfilets sind reines Muskelfleisch, daher sehr rasch grillen und dann nur mehr ziehen lassen.

Grilltemperatur	**270–280 °C**
Grillzeit	**rasch angrillen und dann 10 Minuten in der Alufolie ziehen lassen**
Grillmethode	**direkt**
Land	**Australien**
Bezugsquelle	**Wiesbauer Gourmet**

STRAUSSENSTEAK

Zutaten

4 Straußensteaks à ca. 180 g

Für die Marinade

Saft und Abrieb von 1/2 Zitrone
4 fein gehackte Knoblauchzehen
2 EL fein gehackter Rosmarin und Thymian
1 fein gehackte kleine Chili-Schote
100 ml Olivenöl
grobes Meersalz, brauner Zucker, guter Pfeffer
1 TL geräucherter Paprika
1 EL geröstete pulverisierte Zwiebel

Zubereitung

- Alle Zutaten für die Marinade zusammenmischen und die Straußensteaks darin einlegen und zugedeckt 4 Stunden marinieren; am besten an einem nicht zu kalten Ort, auf keinen Fall im Kühlschrank. Anschließend indirekt ca. 12–15 Minuten grillen und kurz in der Folie ziehen lassen.

Grilltemperatur	ca. 220 °C
Grillzeit	ca. 12–15 Minuten
Grillmethode	indirekt

ANANASSTEAK

Zutaten

1 reife Ananas
200 g Kristallzucker
oder brauner Zucker
2 EL gemahlener Zimt
1 TL gemahlene Gewürznelken
ca. 100 g geschmolzene Butter

Zubereitung

- Den Zucker mit dem Zimt und den Nelken vermischen, die Ananas schälen, die Augen ausstechen, in 2–3 cm dicke Scheiben schneiden, anschließend mit Butter beidseitig einpinseln und mit Zimtzucker bestreuen.
- Auf den gesäuberten gefetteten Grillrost indirekt auflegen und ca. alle 5–10 Minuten mit Butter einpinseln und mit Zucker bestreuen, dabei auch immer wieder die Ananasscheiben wenden.

Grilltemperatur	ca. 200 °C
Grillzeit	je nach Stärke 15–30 Minuten
Grillmethode	indirekt

c+c pfeiffer
Das Beste für die Gastronomie
HEISS BEGEHRT
DIE BESTE QUALITÄT FÜR GRILLGENUSS
Bei C+C Pfeiffer finden Gastronomen alles für den perfekten Grillgenuss – vom US Beef bis hin zum Cult Beef sowie Fisch & Geflügel in Top-Qualität. Außerdem natürlich die besten Grillgewürze zum Verfeinern sowie hochwertige Beilagen, Saucen & Co.
C+C Pfeiffer bietet Ihnen alles, was Ihre Gäste Feuer & Flamme sein lässt.
www.ccpfeiffer.a

PARTYSTEAK MIT MIXED PICKLES

Zutaten

8 Scheiben Lyoner Wurst
16 Scheiben Weißbrotbaguette
Mixed Pickles

Für die Kräuterbutter

150 g Butter
1/2 Bund Basilikum
1/2 Bund Petersilie
2 Knoblauchzehen
1 Spritzer Worcestershiresauce
1 TL Zitronensaft
1/2 TL Salz
weißer Pfeffer

Zubereitung

- Die Lyoner Wurst in ca. 1 cm dicke Scheiben schneiden.
- Butter weich werden lassen. Kräuter waschen, trocken schleudern, Blätter abzupfen und fein hacken. Knoblauch schälen und pressen. Alle Zutaten für die Kräuterbutter miteinander vermengen und kalt stellen.
- Den Grill für direktes Grillen mit mittlerer Hitze vorbereiten.
- Die Partysteaks auf dem Grill bei mittlerer direkter Hitze ca. 1 Minute grillen, die Scheiben um 90° drehen, um ein schönes Grillmuster zu erzielen, eine weitere Minute grillen, wenden und nun ebenfalls vorgehen wie zuvor.
- Die Weißbrotscheiben beidseitig kurz angrillen und etwas Kräuterbutter aufstreichen, die gegrillten Wurstscheiben halbieren und auf die Weißbrotscheiben legen. Mit Mixed Pickles garnieren und mit einem Partysticker fixieren.

Tipp: Übrige Kräuterbutter zu Rollen geformt in Folie gewickelt auf Vorrat einfrieren.

Grilltemperatur	**180 °C**
Grillzeit	**ca. 4 Minuten**
Grillmethode	**direkt**

GEMÜSESTEAK

Zutaten

je 100 g Karotten, Lauch, Zucchini, Zwiebeln
2 EL Butter
2 EL Schnittlauch und Petersil
1 EL fein gehackter Rosmarin
100 g Topfen
100 g Haferflocken
Salz, Pfeffer, Muskatnuss
2 EL Mehl zum Mehlieren der Hände

Zubereitung

- Die Karotten und die Zucchini grob raspeln, leicht einsalzen und 10 Minuten ziehen lassen. Danach fest ausdrücken, damit das Gemüse Wasser verliert, und die ausgedrückte Masse in eine Schüssel geben.
- Den Lauch und die Zwiebeln in Butter glasig anrösten, zu den Karotten und Zucchini geben und den Topfen und die Haferflocken dazugeben. Mit Schnittlauch, Petersil und Rosmarin bestreuen, mit Salz, Pfeffer und Muskatnuss würzen, die ganze Masse durchkneten und kurz rasten lassen.
- Die Hände bemehlen und 4–6 Laibchen daraus formen, in einer Gusseisenpfanne oder Grillpfanne mit etwas Öl scharf oben und unten anbraten und indirekt auf dem Grill ca. 15–20 Minuten grillen. Mit einem Kräuterdip servieren.

Grilltemperatur	**ca. 200 °C**
Grillzeit	**ca. 15–20 Minuten**
Grillmethode	**indirekt**

1. CARNUNTUM GRILLSCHULE

Ich grille aus Leidenschaft und diese Leidenschaft möchte ich mit vielen Leuten teilen – beim Grillen gibt es keine Professoren, keine Adeligen, keine Hilfsarbeiter, sondern alle sind gleich – es sind alles Menschen, die aus Freude, Leidenschaft und Begeisterung grillen – Menschen wie du und ich.

Ich möchte allen von 9 bis 99 Jahren, von interessierten Schülern über erfahrene Grillfreaks bis zu ambitionierten Pensionisten, zeigen, dass Grillen mehr heißt, als Würstel und Koteletts auf die Griller zu werfen. Gefüllte Gansln, aromatisches Gemüse, ja sogar Kaiserschmarren und Soufflés werden bei uns auf dem Griller zubereitet.

Adi Bittermann

Gemeinsam mit seinen Partnern Markus und Wolfgang Arndt, AMA-zertifizierten Grilltrainern, bietet Adi Bittermann in seiner 1. Carnuntum Grillschule ein breites Spektrum an Grillkursen an. Hier ein Auszug aus dem Programm:

- **ABC-Kurse für Einsteiger**
- **Schlemmer-Grillkurse**
- **Kugelgrill-Workshops**
- **1x1 des Steaks**
- **Abenteuer Grillen**
- **Gourmet-Grillkurse**
- **Spezielle Events für Unternehmen**
- **Nationale und internationale Grillmeister als Gastgriller**
- **1x1 vom Smoker**
- **Wie kommt die Wurst auf dem Grill?**
- **Wok'n roll etc.**

Bei den Kursen wird Grillbegeisterten, die für beste Qualität aufgeschlossen sind, auf spannende Art und Weise vermittelt, wie sie ihr Grillgut fachgerecht und nach individuellem Wunsch zubereiten und perfekt auf den Teller bringen.

Videos einer 4-teiligen Grillsendung mit Adi Bittermann und Adi Matzek finden Sie auf Kostbar.TV unter: http://www.kost-bar.tv/?s=bittermann

Die Kurse und genauen Termine entnehmen Sie bitte der Website.

1. Carnuntum Grillschule – Adi Bittermann
bittermann – Vinarium Göttlesbrunn
Abt-Bruno-Heinrich-Platz 1
2464 Göttlesbrunn
Tel.: 0 21 62/811 55
E-Mail: info@bittermann-vinarium.at
www.bittermann-vinarium.at

The Pitmasters ist ein leidenschaftliches Grill- und Barbecueteam, welches im Herbst 2012 gegründet wurde. Hinter dem Teamchef Adi Bittermann stehen die Smokerexperten Beatrix und Franz Ertl, Amerika- und Steakfan Viktor Samwald, die Grill- und Gewürzspezialisten Wolfgang und Markus Arndt und der Berufsschullehrer Bernhard Dziuba. Die AMA-(Agrarmarkt-Austria-)zertifizierten Grill- und Barbecue-Trainer geben ihr Wissen und ihre Leidenschaft in Seminaren an grillbegeisterte Teilnehmer weiter. Grillwettbewerbe wie z. B. die Österreichische Staatsmeisterschaft sind für „the Pitmasters" Pflichttermine. Adi Bittermann möchte alle Griller Österreichs – hinter jedem Gartenzaun steht ein Grillmeister – auffordern, sich solchen Herausforderungen zu stellen. Die Wettbewerbe sind Ansporn, erweitern den eigenen Horizont und man baut sein Netzwerk aus. Grillen ist mehr als nur Feuer und Fleisch – Grillen ist Lebenskultur! – **www.thepitmasters.eu**

DIE EXPERTEN FÜR GAS- UND INFRAROTGRILLEN
NAPOLEON®
GOURMET GRILLS
Grillen wie ein Weltmeister
Doppel-Grillweltmeister Adi Matzek
empfiehlt Gourmet Grills von Napoleon®
Infrarotgasgrills, Gasgrills, Holzkohlegrills, mobile Gasgrills, OASIS™ Outdoorküchen und Zubehör
www.napoleongrills.eu

1. GRILL-BBQ-SCHULE ÖSTERREICHS
WERDEN AUCH SIE GRILLWELTMEISTER!

Die Gründung der 1. Österreichischen Grillschule liegt jetzt bereits über zehn Jahre hinter mir und es freut mich ungemein, dass Sie, liebe Grillfreunde, Jahr für Jahr das faszinierende Thema Grillen und Barbecue in meiner Grillschule genießen und auch Ihr Wissen bei unseren Seminaren einbringen. Somit kann ich es wieder anderen Teilnehmern weitervermitteln. Der positive Spirit des Erfahrungsaustausches bei einem Grillseminar ist eine tragende Säule des Erfolges der Grill- und Barbecueszene in Europa.
Die Seminare für den Endkonsumenten (B2C) sind genauso spannend wie die immer größer werdende Herausforderung, Grillseminare im Businessbereich (B2B) abzuhalten; dieser Bereich geht bei meinen speziellen Programmen bereits bis zu Keynote-Speaker-Einsätzen. Das Wir-Gefühl in den speziellen B2B-Seminaren zu steigern ist ein enormer Mehrwert, den ich mit Begeisterung gerne vorlebe und von dem auf diese Weise alle Teilnehmer noch lange Zeit profitieren.
Ebenso bildet die Produktentwicklung zum Thema Grillen und Barbecue einen großen Schwerpunkt meiner momentanen und zukünftigen Tätigkeiten. Das Grill-Bier mit eigenem Geschmack und als eigenständige Marke ist ein Leitprodukt im wahrsten Sinne und wird für viele andere Produkte hilfreich sein.
Somit entwickelt sich die 1. Grillschule Österreichs sukzessive auch zur 1. Grillagentur Österreichs, welche als Kompetenzzentrum das internationale Netwerk der Grill- und Barbecue-Enthusiasten gebündelt für die Weiterentwicklung des Grillthemas aktiv nutzt.
Veranstaltungen zum Grillbereich werden verbunden, gefördert, erarbeitet und betreut.

Das „1. Grill-Spirit-Festival" Österreichs, welches in Kürze abgehalten wird, ist der Start für diverse Events, die für den Endkonsumenten in Zukunft abgehalten werden. Beim „Grill-Spirit-Festival" werden tausende Besucher sein und das Festival mit aktiver oder passiver Beteiligung bereichern.
Ich bin überzeugt, damit das „Nova Rock des Grillens" gemeinsam mit den Grillfans geboren zu haben.
Ein wichtiger Bestandteil ist bei diesen Events nach wie vor das Thema „Grillgenuss zu jeder Jahreszeit", das von mir stark gefördert und weiterentwickelt wird.
Mein Charity-Projekt „Speedgrillen" etabliert sich ebenfalls immer mehr, und es ist toll zu sehen, wie die Menschen Spaß bei diesem Parcoursgrillen haben, dabei für den Verein „Ich bin Ich" Spendengelder ergrillen und soziale Verantwortung übernehmen.

Ich wünsche Ihnen, liebe Leserinnen und Leser, weiterhin glühende Leidenschaft sowie immer eine Handbreit Kohle unter Ihrem Rost.
Es würde mich freuen, Sie bei einem der zahlreichen Grillevents oder in meiner Grillschule persönlich kennenzulernen, wenn es heißt: „Vergolden, nicht verkohlen".

Ihr
Adi Matzek

1. Grill-BBQ-Schule Österreichs

DANKSAGUNG VON Adi&Adi

Danke lieber Pichler Verlag für die abermalige Möglichkeit zu diesem weiteren Grillbuch, dem „Steak-Grillbuch" von Adi&Adi. Liebes Styria-Team mit Johannes Sachslehner, Bruno Wegscheider und Josef Weilguni, danke für eure Geduld und professionelle Unterstützung, ohne die eine derart qualitätsvolle Umsetzung nicht möglich wäre.

Und abermals tausend Dank, lieber Herbert Lehmann, für die wundervollen Fotos. Uns erstaunt es immer wieder, was du aus diesen ganz speziellen Momenten am Grill herausholst und wie du es schaffst, feinste Grillgenüsse und hochwertigste Lebensmittel für die Ewigkeit in Szene zu setzen und festzuhalten. Bewundernswert deine Ruhe am Set, obwohl es fallweise nicht einfach ist, den Überblick zu bewahren.

Ein herzliches Dankeschön unseren Frauen Bettina und Irene sowie unseren lieben Familien, die für uns beide Adis sehr viel Verständnis haben und auch oft aufbringen müssen, was keine Selbstverständlichkeit ist. Wir hoffen, dass wir euch alle dafür mit unserem Grill-Spirit entschädigen können, und wissen, welch starke Stützen wir an euch haben.

Besten Dank auch an die Mitarbeiterteams von beiden Adis. Auch dort sind immer wieder extreme Sonderleistungen notwendig, um die kreativen Chefs zu unterstützen. Vor allem die Büroteams sind oft aufgrund von deren Einfallsreichtum sehr eingedeckt und müssen den Überblick bewahren und alles am Laufen halten. Dabei stellvertretend genannt seien Maria Windholz bei Adi Bittermann und Natascha Geist sowie die Rezeptfee Iris Schmied bei Adi Matzek und dessen Grillmeisterteam mit Maria Bigl, Huberth Schidlo, Harry Koch und Georg Riegler.

Mit glühender Leidenschaft bedanken wir uns weiters bei folgenden Freunden, Personen, Firmen und Institutionen:

Heimo Irouschek *(Napoleon Austria)*
Michael Schubert *(Grillzeit)*
Dir. Dr. Rudolf Stückler *(AMA)*
Silke Jütten, Frank Kalff *(Fa. Otto Gourmet)*
Thomas Panholzer – *GF C+C Pfeiffer*
Ernst Stocker– *GF Wiesbauer Gourmet*
Barbara Naschenweng – *Barbecue point e.U.*
Christian Hinterleitner – *Managing Director Funco*
Klaus-Dieter Haupert – der Mann mit den ultimativen Grillgrates (ein Muss fürs Steakgrillen)

the Pitmasters – Adi Bittermanns Grillteam:
Wolfgang Arndt · Markus Arndt · Bernhard Dziuba
Beatrix Ertl · Franz Ertl · Victor Samwald

Dank unseren Winzern, welche uns immer und jederzeit unterstützen – und für unser Winzersteak sogar ihre Zeit und den besten Wein geopfert haben:

Walter Glatzer · Christina Artner-Netzl · Gerhard Markowitsch
Robert Payr · Hans Pitnauer

IMPRESSUM

ISBN 978-3-85431-654-1

styria BOOKS

Lektorat: Josef Weilguni
Cover- & Buchgestaltung: Bruno Wegscheider
Fotos: Herbert Lehmann

Reproduktion: Pixelstorm, Wien
Druck und Bindung: Druckerei Theiss GmbH
St. Stefan im Lavanttal
7 6 5 4 3 2 1

BILDNACHWEIS

Adi Bittermann: S. 34 (linke Spalte)
Adi Matzek privat: S. 10, 11 (o.)
Arndt Markus: S. 11 (u.)
Fa. Fuhrmann: S. 23 (o.)
Fotostudio Andraschek, Horn: S. 33 (li.)
Fotostudio Riedmann: S. 34 (rechte Spalte)
iStockphoto.com/PeskyMonkey: S. 13
iStockphoto.com/shalamov: S. 28
iStockphoto.com/Floortje : S. 29, 30
iStockphoto.com/monica-photo : S. 31
Napoleon Austria: S. 22, 23 (li. und u.), 24 (li.), 26
Otto Gourmet: S. 33 (r. o.)
What a Wok: 24 (r. o.)

Alle übrigen Fotos: Herbert Lehmann